Traversée des Pyrénées
Pyrénées Occidentales
Pays basque - Béarn

GR® 10

GR® 8

AVEC L'APPUI TECHNIQUE
DES COMITÉS DÉPARTEMENTAUX
DE LA RANDONNÉE PÉDESTRE
DES PYRÉNÉES-ATLANTIQUES
ET DES HAUTES-PYRÉNÉES

GW00601062

FFRandonnée
les chemins, une richesse partagée
www.ffrandonnee.fr

Sommaire

COMMENT UTILISER CE GUIDE

Comment utiliser ce guide **GR**®

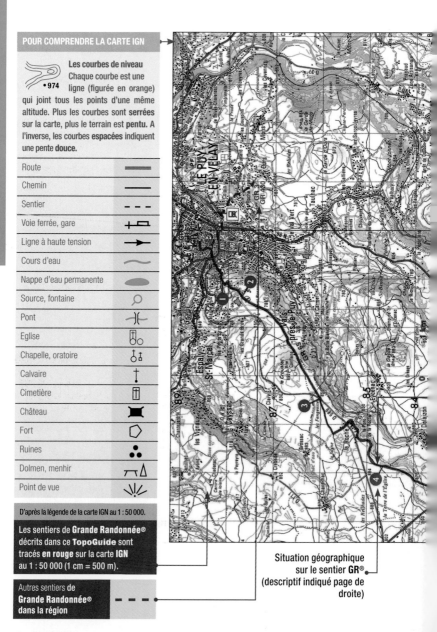

POUR COMPRENDRE LA CARTE IGN

Les courbes de niveau
•974 Chaque courbe est une ligne (figurée en orange) qui joint tous les points d'une même altitude. Plus les courbes sont **serrées** sur la carte, plus le terrain est **pentu**. A l'inverse, les courbes **espacées** indiquent une pente **douce**.

Route	═══
Chemin	───
Sentier	─ ─ ─
Voie ferrée, gare	┼┳┑
Ligne à haute tension	──→
Cours d'eau	∼
Nappe d'eau permanente	⬬
Source, fontaine	♀
Pont	⊣⊢
Eglise	⌸ᵒ
Chapelle, oratoire	♂♀
Calvaire	†
Cimetière	⊞
Château	▬
Fort	⬠
Ruines	•.•
Dolmen, menhir	⊓Δ
Point de vue	⩔

D'après la légende de la carte IGN au 1 : 50 000.

Les sentiers de **Grande Randonnée**® décrits dans ce **TopoGuide** sont tracés **en rouge** sur la carte **IGN** au 1 : 50 000 (1 cm = 500 m).

Autres sentiers de **Grande Randonnée**® dans la région

─ ─ ─

Situation géographique sur le sentier **GR**® (descriptif indiqué page de droite)

COMMENT UTILISER CE GUIDE

◄— **Découverte**
de la nature
et du patrimoine

Le sentier GR® 65
Du Puy à Figeac

| **GR®** | **65** |

●— **N° du GR®**

◄— **Titre de l'itinéraire.**

| Du **Puy-en-Velay** à **La Roche** | 5,5 km | 1 h 15 ▤ |

◄— **Descriptif du bandeau :**
▢ L'étape de… à
▣ Kilométrage
▢ Temps de marche
▤ Couleur du balisage

Au Puy > ▦ ▣ ▲ 🍴 ✕ 🍷 🚻 🛏 🚍

Au Puy-en-Velay (625 m), le GR® 65 part de la cathédrale.

👁 > Succédant à des monuments antérieurs (gallo-romain, 5e et 9e), l'église actuelle fut bâtie au 11e et à la fin du 12e. Au style roman, sobre et austère, s'ajoutent les influences arabes et byzantines. Le clocher est indépendant, le baptistère Saint-Jean, du 10e, lui fait face et un magnifique cloître roman se développe contre le mur Nord de l'église. Dans la sacristie : livre d'or réservé aux pèlerins et randonneurs..

❶ Emprunter une route revêtue jusque sur le plateau dominant la ville.

❷ Le GR® utilise ensuite sur la gauche un large chemin caillouteux qui aboutit à un carrefour marqué par un fût de croix [👁 > croix de Jalasset datée de 1621 dont seul le fût subsiste], passe à droite de ce monument et contourne la butte de Croustet.

👁 > Le chemin passe sur la gauche d'une petite montagne le Croustet, qui frappe par son aspect ◄— régulier. Appelée "garde" dans le pays, il s'agit d'un petit cône volcanique de type strombolien, déjà un peu remanié par l'érosion. Il est essentiellement formé de projections scoriacées assez meubles exploitées sous le nom de pouzzolanes.

👁 **Curiosités touristiques, monuments, etc. à découvrir durant l'étape.**

❸ Le GR® atteint la D 589 ; la couper et prendre en face le chemin de terre gravillonné, qui débouche dans un carrefour. Suivre à gauche le chemin qui devient goudronné aux premières maisons de La Roche (872 m).

| De **La Roche** à **Saint-Christophe-sur-Dolaizon** | 3 km | 45 mn ▤ |

Le GR® 65 traverse la D 589 et contourne La Roche par un chemin en corniche au-dessus du ravin de la Gazelle, qui continue ensuite sous la ligne de crête.

●—❹ Le GR® 65 se dirige à droite, traverse un petit bois, s'abaisse jusqu'au ruisseau de la Gazelle pour ◄— le franchir un peu plus en amont et remonte sur sa rive droite jusqu'à Saint-Christophe-sur-Dolaizon (908 m).

❹ **Situation sur la carte** (indiquée p. de gauche), avec descriptif détaillé du sentier de Grande Randonnée®.

👁 > Eglise du 12e siècle, construite en brèche volcanique rougeâtre avec clocher-arcade percé de 4 ouvertures. Côté Sud, plusieurs enfeus à l'extérieur. Ce monument se trouve mentionné dès 1161, puis en 1204 dans un document émanant des Templiers du Puy. La seigneurie et le château apparaissent dès le 14e siècle dans diverses pièces d'archives.

Hors GR® > Pour Dolaizon (890 m) | 1 km | 15 mn | 🛏 ✕ ◄—
> Suivre la route qui part à droite du cimetière.

itinéraires Hors GR® :
▣ Kilométrage
▢ Temps de marche
▤ Couleur du balisage
🛏 ✕ **Ressources disponibles (voir tableau des ressources p.18)**

👁 **Curiosités, etc.**
*Le **Hors GR®** est un itinéraire, généralement **non balisé,** qui permet de rejoindre un hébergement, un moyen de transport, un point de ravitaillement. Il est indiqué en tirets sur la carte.*

Idées de randonnées

LES ITINÉRAIRES DÉCRITS

GR®10 > d'Hendaye à Arrens-Marsous : 260 km (17 jours).
Tour du Pic du Midi d'Ossau > 24 km (2 jours).
GR®8 > d'Urt à Sare : 66 km (3 jours).

LE BALISAGE DES SENTIERS

Les sentiers **GR®10** et **GR®8** sont balisés en blanc et rouge.

QUATRE RANDONNÉES DE 2 à 7 JOURS

De Bidarray à Saint-Jean-Pied-de-Port :	2 Jours
1er jour : de Bidarray à Saint-Étienne-de-Baïgorry (p. 47-51)	8 h 10
2e jour : de Saint-Étienne-de-Baïgorry à Saint-Jean-Pied-de-Port (p. 53-57)	6 h 25

D'Urt à Sare :	3 Jours
1er jour : d'Urt à Mouguerre (p.113-115)	5 h
2e jour : de Mouguerre à Cambo-les-Bains (p. 115-117)	5 h
3e jour : de Cambo-les-Bains à Sare (p. 117-125)	7 h

De Saint-Jean-Pied-de-Port à Sainte-Engrâce :	4 Jours
1er jour : de Saint-Jean-Pied-de-Port à Estérençuby (p. 59)	3 h 55
2e jour : d'Estérençuby au col Bagargiak (p. 61-63)	9 h
3e jour : du col Bagargiak à Logibar (p. 63-67)	6 h 40
4e jour : de Logibar à Sainte-Engrâce (p. 69-73)	8 h 20

De Sainte-Engrâce à Arrens-Marsous :	7 Jours
1er jour : de Sainte-Engrâce à La Pierre-Saint-Martin (p. 77-81)	5 h
2e jour : de La Pierre-Saint-Martin à Lescun (p. 81-83)	6 h 50
3e jour : de Lescun à Etsaut (p. 83-87)	6 h 20
4e jour : d'Etsaut au refuge d'Ayous (p. 87-93)	6 h
5e jour : du refuge d'Ayous à Gabas (p. 93-95)	2 h 35
6e jour : de Gabas à Gourette (p. 95-101)	9 h 35
7e jour : de Gourette à Arrens-Marsous (p. 101-103)	6 h

Rejoignez-nous et randonnez l'esprit libre

Pour mieux connaître la fédération, les adresses des associations de votre département, pour tout savoir sur l'actualité de la randonnée, pour adhérer ou découvrir la collection des topo-guides.

Tout sur
www.ffrandonnee.fr

FFRandonnée

Avant de partir... en randonnée

Difficultés, période conseillée

• La partie du GR®10 Hendaye - Estérençuby est praticable en toute saison, la neige est rare et ne tient, en général, pas très longtemps.

Le tronçon Estérençuby - Arette La-Pierre-Saint-Martin est, en revanche, souvent enneigé et, par suite, déconseillé de novembre à mai, cet enneigement étant très variable selon les années.

Plus à l'est, en Béarn, il est prudent d'attendre le début de l'été pour franchir les cols, notamment la Hourquette d'Arre très tardivement enneigée.

À la portée de toute personne entraînée à la marche, le parcours Hendaye - Arrens-Marsous ne présente aucune difficulté : pas d'escalade, pas de neige éternelle ni de glacier : des névés peuvent cependant subsister, en début d'été, dans la partie béarnaise.

Seul le mauvais temps (orage, brouillard, neige) peut entraîner quelques désagréments, mais l'itinéraire est balisé et de nombreuses variantes « mauvais temps » sont signalées.

Sur l'itinéraire d'Hendaye à Arrens-Marsous qu'on peut découper en une quinzaine d'étapes, cinq exigent plus de huit heures de marche, mais toutes permettent au randonneur de trouver un hébergement.

• Le GR® 8 est praticable en toute saison, mais il est conseillé d'éviter la plupart des crêtes à cause des palombières (postes de chasse) en octobre et novembre.

Recommandations

• Attention au feu d'écobuage ! S'adresser en mairie. Article 3 - Arrêté préfectoral n° 2000-D-1328 du 27 septembre 2000.

La période d'incinération des végétaux sur pied s'étale du 15 octobre au 31 mars de l'année suivante. Le feu d'écobuage a pour but de favoriser la régénération des pâturages pastoraux. Dans les communes classées en zone de montagne et après consultation de la commission d'écobuage ou des partenaires concernés, le maire a la possibilité de proroger, par une décision explicite, le délai au 30 avril en cas de conditions météorologiques s'étant avérées défavorables à la mise à feu.

Dans le cadre de votre randonnée, vous pouvez être confronté à la présence soudaine d'un feu d'écobuage.

Attitude à adopter : essayer d'évaluer l'importance du sinistre. Faire la différence entre un « feu montant » et un feu « descendant » :

- un feu descendant progresse lentement et est facilement contrôlable ;

- un feu montant progresse à très grande rapidité en dégageant une très grosse chaleur, une fumée importante et des gaz chauds.

Si vous étiez confronté à la présence immédiate d'un feu :

- restez calme ;

- ne fuyez pas devant un feu montant (en raison de sa rapidité de propagation) ;

- au cas où vous devriez traverser le rideau de flamme vers la partie déjà brûlée (solution extrême qui n'est pas sans risque), pensez à quitter vos vêtements en matière synthétique ;

- si nécessaire, alertez les secours.

• En Pays basque, le GR® 10 frôle et franchit parfois la frontière.

• Se rappeler enfin que si les vipères ne se rencontrent pas très fréquemment dans les Pyrénées, elles existent néanmoins et sont dangereuses.

Modifications d'itinéraires

• Depuis l'édition de ce topo-guide, les itinéraires décrits ont peut-être subi des modifications rendues nécessaires par l'exploitation agricole ou forestière, le remembrement, les travaux routiers, les intempéries, etc. Il faut alors suivre le nouvel itinéraire balisé.

Ces modifications, quand elles ont une certaine importance, sont disponibles, sur demande, au Centre d'information de la Fédération (voir « Adresses utiles » page 20).

Les renseignements fournis dans ce topo-guide, exacts au moment de l'édition de l'ouvrage, ainsi que les balisages n'ont qu'une valeur indicative et n'engagent en aucune manière la responsabilité de la Fédération française de la randonnée pédestre. Ils n'ont pour objet que de permettre au randonneur de trouver plus aisément son chemin et de suggérer un itinéraire intéressant.

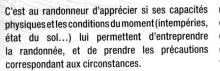
C'est au randonneur d'apprécier si ses capacités physiques et les conditions du moment (intempéries, état du sol...) lui permettent d'entreprendre la randonnée, et de prendre les précautions correspondant aux circonstances.

Assurances

• Le randonneur parcourt l'itinéraire décrit, qui utilise le plus souvent des voies publiques, à ses risques et périls. Il reste seul responsable, non seulement des accidents dont il pourrait être victime, mais des dommages qu'il pourrait causer à autrui tels que feux de forêts, pollutions, dégradations... Certains itinéraires empruntent des voies privées : le passage n'a été autorisé par le propriétaire que pour la randonnée pédestre.

Le randonneur a intérêt à être bien assuré. La Fédération française de la randonnée pédestre et ses associations délivrent une licence incluant une assurance adaptée.

Se rendre et se déplacer dans la région

Train

Le sentier GR® 10 est accessible en train à partir des gares de : Hendaye, Pont-Noblia (Bidarray) et Saint-Jean-Pied-de-Port, et aussi par les services de cars TER-SNCF depuis les gares de Saint-Étienne-de-Baïgorry et d'Oloron-Sainte-Marie.

Le sentier GR® 8 est accessible à partir des gares d'Urt, de Cambo-les-Bains et d'Itxassou.

Renseignement SNCF 36 65 ou internet : www.voyages-sncf.com.

Cars GR® 10

• Sare :
Cars pour la gare de Saint-Jean-de-Luz, *le Basque Bondissant*, 05 59 26 25 87, www.basque-bondissant.com.

• Saint-Étienne-de-Baïgorry
Cars SNCF pour la gare d'Ossès-Saint-Martin-d'Arrossa (correspondance avec les trains pour Bayonne et Saint-Jean-Pied-de-Port).
Cars pour Bayonne, Hiruak BAT, 05 59 65 73 11, www.autocars-hiruak-bat.com.

• Etsaut
Ligne Oloron-Sainte-Marie – Canfranc (correspondance avec les trains de la ligne Pau – Oloron-Sainte-Marie), *Citram-Pyrénées*, 05 59 27 22 22, http://citrampyrenees.fr.

• Gabas
Cars vers Laruns (2 fois par jour en juillet et août) renseignements à l'OT de Laruns, 05 59 05 31 41, www.ossau-pyrenees.com.

• Gourette
Cars vers Laruns et Pau, *Citram-Pyrénées*, 05 59 27 22 22, http://citrampyrenees.fr.

• Arrens-Marsous (liaison pour Argelès-Gazost)
Minicar Trans-Bigorre, tlj entre 8 h et 18 h du 1er mai au 30 oct. Les mardis, jeudis, vendredis, samedis et dimanches entre 8 h et 18 h du 1er nov. au 30 avril. Pas de transport les jours fériés. Réservation obligatoire la veille avant 18 h, 08 00 65 65 00.

• Argelès-Gazost (liaison pour la gare de Lourdes)
Cars SNCF, ligne Pierrefitte-Nestalas – Lourdes, 0891 677 677, www.ter-sncf.com.

Cars GR® 8

• Urt, Lahonce, Urcuit : (ligne vers Labastide-Clairence - Bayonne)
Autocar vers Bayonne, Daniel Aleman Transports, 05 59 93 16 16, www.datvoyages.com.

• Mouguerre : (ligne Hasparren – Bayonne)
Autocars vers Bayonne, société Sallaberry, 05 59 29 60 28.

• Cambo
Ligne Cambo-Bayonne, autocars vers Bayonne, *le Basque Bondissant*, 05 59 29 21 11, www.basque-bondissant.com, ou Miral, 05 59 29 73 37, www.autocarsmiral.com.
Ligne Espelette - Cambo, le Basque Bondissant, 05 59 26 30 74, www.basque-bondissant.com.
Ligne Ascain - Saint-Jean-de-Luz, *le Basque Bondissant*, tél. 05 59 26 30 74, www.basque-bondissant.com.

• Souraïde, Espelette
Ligne Espelette - Cambo, *le Basque Bondissant*, 05 59 26 30 74, www.basque-bondissant.com.
Ligne Ascain - Saint-Jean-de-Luz, *le Basque Bondissant*, tél 05 59 26 30 74, www.basque-bondissant.com.

• Dancharia, Aïnhoa
Ligne Espelette - Cambo, *le Basque Bondissant*, 05 59 26 30 74, www.basque-bondissant.com.

Taxi

Pour tous ces taxis, portage de bagages possible.
• Vers la vallée d'Aspe
Taxi Leprêtre, Bedous, 05 59 34 70 06.
• Vers La Pierre-Saint-Martin

Taxi Lopez, Oloron-Sainte-Marie, 05 59 39 00 52.
• Saint-Étienne-de-Baïgorry :
Taxi Pecotche, Saint-Étienne-de-Baïgorry, 05 59 37 40 81.
• Sare
Taxi Argian, Sare, 05 59 54 26 92 ou 06 07 42 83 56.
• Argelès-Gazost
Taxi Hourques, Argelès-Gazost, 05 62 97 00 11, Argelès Taxi, Argelès-Gazost, 05 62 97 98 73.

Hébergements, restauration, commerces et services

Se loger

Les *ventas* ne sont pas des hébergements, mais des lieux de restauration et de petites épiceries.
Les *cayolars* sont des cabanes de bergers réservées à l'usage pastoral. Les randonneurs ne peuvent pas s'y loger.
Les gîtes d'étape, les refuges et les gîtes de groupe proposent un hébergement à la nuitée, avec possibilité de restauration selon les cas.
Certains campings sont équipés de mobil homes ou chalets, permettant un accueil des randonneurs à la nuitée.
L'hôtellerie est présente sur de nombreux tronçons, mais souvent seules sont indiquées les coordonnées de l'Office de tourisme.
Les chambres d'hôtes ne sont pas toutes référencées dans la liste ci-dessous. Pour ce type d'hébergement, se renseigner également auprès de l'Office de tourisme.

Se restaurer

Un bon petit-déjeuner pour commencer la journée, un bon dîner le soir à l'étape : c'est cela aussi la randonnée. Là encore, les formules sont variées (repas au gîte, à l'hôtel, tables d'hôtes, restaurants, fermes-auberges, etc.). Dans certains gîtes d'étape, on peut préparer soi-même son dîner et petit déjeuner, renseignez-vous auprès des propriétaires. Un forfait demi-pension est souvent proposé (nuit, dîner, petit déjeuner).

Rando Accueil

Les établissements *Rando Accueil* sont sélectionnés pour leur convivialité et leur environnement de qualité ; en outre, ils proposent des conseils personnalisés pour découvrir les itinéraires de randonnée alentour. Internet : www.rando-accueil.com

Liste des hébergements

Pour faciliter la lecture, les hébergements sont cités dans le sens du parcours

Les informations données ci-dessous, exactes au moment de cette édition, peuvent changer. Il est prudent de vérifier.

SUR LE GR® 10 ou à proximité :

Hendaye (64700)
• **Nombreux hébergements :** s'adresser à l'OT, 05 59 20 00 34.

Biriatou (64700)
• **Hôtel-restaurant** *les Jardins de Bakea* : rue Herri-Alde, 05 59 20 02 01, www.bakea.fr

Olhette (64122 Urrugne)
• **Gîte d'étape et gîte de France, Ferme** *Manttu Baïta*, 2 épis : Irazoqui Joseph, 05 59 54 00 98, www.gites64.com/manttu, 14 places en dortoir, réservation fortement conseillée, pas de restauration et pas de ravitaillement possible sur Olhette.
• **Hôtel-restaurant** *Trabenia* : route d'Olhette, 05 59 54 01 91, www.hotel-trabenia.com.

Sare (64310)
• **Gîte d'étape, camping, location chalets et Gîtes de France** *La Petite Rhune* : quartier Lehenbiscay, route de Vera, 05 59 54 23 97, www.lapetiterhune.com, 20 places en gîte, ouvert toute l'année, camping ouvert 15 juin - 15 sept., petit déjeuner, restauration à proximité, réservation conseillée.
• **Nombreux hôtels, chambres d'hôtes et campings** : s'adresser à l'OT de Sare, 05 59 54 20 14.

Aïnhoa (64250)
• **Gîte d'étape et camping** *Harazpy* : quartier Gaztelu Gain, 05 59 29 83 38, 06 75 58 04 85, 12 places, cuisine.
• **Autres hébergements** : s'adresser à l'OT de Saint-Pée-sur-Nivelle, 05 59 54 11 69.

Col des Veaux (64250 Itxassou)
• **Gîte d'étape, restaurant, bar Ferme** *Esteben* : 05 59 29 82 72, ouvert mai - début oct., réservation conseillée.

Col des Veaux (Espagne)
• **Gîte d'étape et restaurant** *Venta Burkaitz* : 00 34 94 83 93 000, ouvert tous les jours 14 juil. - fin août, fermé le jeudi le reste de l'année, réservation obligatoire.

Bidarray (64780)
• **Gîtes d'étapes et gîte de montagne, Les Gîtes** *Aunamendi*, **Rando Accueil** : 05 59 37 71 34 et 06 89 09 65 48, artekagr10@orange.fr, 49 places en chambre de 4 à 8 pers. et 30 places en dortoirs, fermeture 15 nov. - 31 mars.
• **Hôtels et camping** : s'adresser à l'OT de Saint-Jean-Pied-de-Port, 05 59 37 03 57 ou 05 59 37 47 28.

Urdos (64430 Saint-Étienne-de-Baïgorry) Hors GR® à 4,5 km
• **Hôtel des voyageurs** : 05 59 34 88 05, www.hotel-voyageurs-aspe.com, restaurant, réservation conseillée.

Saint-Étienne-de-Baïgorry (64430)
• **Domaine de Leispars, gîte d'étape** *Mendy* et **location chalet** : quartier Leispars, 05 59 37 42 39, 06 37 43 39 24, www.domaine-leispars-pays-basque.com, 14 places en dortoir, 3 chalets de 4 à 5 pers., chalets ouverts toute l'année, gîte fermé de nov. à février, possibilité d'ouvrir sur réservation.
• **Villages VVF** *Iparla* : 05 59 37 40 58, stetienne@villagesvvf.fr, 48 logements, tarif spécial randonneur, fermé d'oct. - avril, ouvert sur réservation en mai, juin et sept.
• **Gîte domaine** *Oronozia* : 05 59 37 42 03, www.domaine-oronozia.com, ouvert fév. – nov., restauration, réservation conseillée.
• **Gîte** *Gaineka Karrikan* : 05 59 37 47 04 ou 06 25 19 18 67, http://gitospit.free.fr, demi-pension, réservation conseillée.
• **Autres hébergements** : s'adresser à l'OT, 05 59 37 47 28.

Saint-Jean-Pied-de-Port (64220)
• **Gîte d'étape** *l'Esprit du Chemin* : 40 rue de la Citadelle, 05 59 37 24 68, www.espritduchemin.org, 18 places en chambres et dortoirs, fermeture oct. - fin mars, restauration.
• **Gîte d'étape** *Le Chemin vers l'étoile* : 21 rue d'Espagne, 05 59 37 20 71, www.votregite.com, 18 places, ouvert mars - nov.
• **Gîte** *Zazpiak-Bat* : Guillaume Lopepe, 13b rue du Maréchal Harispe, 06 75 78 36 23, 05 59 49 10 17, www.gite-zazpiak-bat.com, 18 places en 7 chambres, cuisine équipée, restauration.
• **Gîte** *Ultreïa*, *label Rando64* : 8 rue de la Citadelle, 05 59 49 11 72, 06 80 88 46 22, www.gite-pelerins-ultreia.fr, 15 places en 4 chambres, cuisine équipée.
• **Gîte** *Compostella* : 6 route d'Arneguy, 05 59 37 02 36, 06 84 97 70 78, http://gitecompostella.e-monsite.com, 15 pl. en 4 chambres, cuisine équipée.
• **Chambres d'hôtes** *Maïtia* : 24 rue de la Citadelle, 05 59 37 32 08, ouvert toute l'année, 8 places, animaux acceptés, réservation conseillée.

• **Autres hébergements** : s'adresser à l'OT, 05 59 37 03 57.

Estérençuby (64220)
• **Gîte d'étape et hôtel *Larramendy*** : 05 59 37 09 70, www.hotel-andreinia.com, 16 places et 28 chambres, hôtel fermé mi-nov. - fin déc., gîte fermé oct. - Pâques.
• **Auberge *Carricaburu*** : 05 59 37 09 77, 5 chambres, 15 personnes, restauration, bar, fermé 15 jours en fév., réservation conseillée.
• **Plusieurs hôtels** : s'adresser à l'OT de Saint-Jean-Pied-de-Port, 05 59 37 03 57 et de Saint-Étienne-de-Baïgorry, 05 59 37 47 28.

Kaskoleta (64220 d'Estérençuby)
• **Chalet *Kaskoleta***, gîte d'étape, 05 59 37 09 73, 06 81 65 55 06, www.kaskoleta.free.fr, 13 places, possibilité bivouac (douche), fermé fin nov. - Pâques, repas, ravitaillement sur commande.

Iraty-Cize (64220 Mendive)
• **Gîte d'étape *Chalet Pedro*** : M. et Mme Lhomme, 05 59 28 55 98, www.chaletpedro.com, 10 places en gîte d'étape ouvert juil.-août, 5 gîtes pour 8 pers. maximum ouverts toute l'année, restauration sauf de mi-nov. à Pâques.
• **Aire de bivouac et abri sommaire** : près du lac, sanitaires.

Iraty, col Bagargiak (64560 Larrau)
• **Gîte d'étape, camping *Les Chalets d'Iraty*, Rando Accueil** : 05 59 28 55 86, 40 chalets, 25 places en chambres, camping fermé nov.-juin, restauration sur réservation.

Larrau (64560) Variante
• **Hôtels et camping** : s'adresser à l'OT de Soule, 05 59 28 51 28.

Logibar (64560 Larrau)
• **Gîte d'étape, label Randoplume, chambres d'hôtes, auberge *Logibar*, Rando Accueil** : 05 59 28 61 14, www.auberge-logibar.com, 44 places (24 en chambres, 8 en dortoir et 12 en chambres d'hôtes), restauration sauf déc.-mars.

Sainte-Engrâce, quartier Senta (64560)
• **Gîte d'étape et rural, chambres d'hôtes *Maison Elichalt*** : 05 59 28 61 63, 06 83 69 70 54, www.gites-burguburu.com, 30 places en dortoirs, 5

chambres d'hôtes, fermé mi-nov. - Noël et dernière semaine de sept., restauration, bar.

La Pierre-Saint-Martin (64570 Arette)
• **Refuge *Jeandel*** : Anthony Hourticq, 05 59 66 14 46, 06 19 82 41 69, www.refuge-jeandel.com, 30 places (extension possible à 35), réservation souhaitée, restauration, petit ravitaillement.

Abérouat (64990 Lescun)
• **Refuge de l'*Abérouat*** : 05 59 34 71 67, www.refugeaberouat.blogspot.com, 85 places en chambres de 2 à 5 places, réservation recommandée.

Lescun (64990)
• **Gîte *Maison de la Montagne*** : 05 59 34 79 14, 06 87 19 81 94, www.montagne.randonnee.chez-alice.fr, 25 places, fermé pendant les vacances de Toussaint, de Noël et durant le mois d'avril, réservation souhaitée, demi-pension.
• **Chambre d'hôtes du *Pic d'Anie*** : 05 59 34 71 54, petit déjeuner seulement en juil.-août.
• **Chambre d'hôtes *Les Estives*** : 05 59 34 77 60, www.estives-lescun.com, petit déjeuner, réservation conseillée.
• **Chambre d'hôtes *Le Belvédère*** : 05 59 34 72 19 ou 06 08 78 95 83, etapedubelvedere@gmail.com, petit déjeuner, réservation conseillée.

Lauzart (64990 Lescun)
• **Gîte et camping du *Lauzart*** : 05 59 34 51 77, campinglauzart@wanadoo.fr, 20 places en dortoirs, ouvert de mai à fin sept.

Lhers (64490)
• **Gîte d'étape et aire naturelle de camping de *Lhers*** : 05 59 39 48 63, 06 87 55 23 92, 17 places en gîte.

Udapet-de-Bas (64490 Borce)
• **Cabane d'Udapet-de-Bas** : aménagée en refuge, utilisée par un berger de juin à sept., 4 places.

Borce (64490)
• **Gîte communal** : 06 24 06 78 55, 05 59 34 86 40, www.letapeaspoise.fr, 18 places, ouvert toute l'année sauf les mardis, réservation souhaitée, ravitaillement possible.
• **Gîte *Saint-Jacques-de-Compostelle*** : 05 59 34 88 99.

• **Chambres d'hôtes :** Mme Coustet, 05 59 34 87 75, 06 79 26 58 43, celine.coustet@laposte.net, 5 chambres.

Etsaut (64490)
• **Gîte** *La Garbure* **:** place du village, 05 59 34 88 98, www.garbure.net, 53 places, ouvert toute l'année, réservation souhaitée.
• **Chambres d'hôtes, relais** *FRETE* **:** route du Somport, 06 76 33 64 86, guy.droit@laposte.net, 5 chambres, 12 places.

Lac Gentau, Gabas (64440 Laruns) Hors GR® à 10 min
• **Refuge d'***Ayous* **:** Parc national, 05 59 05 37 00, 47 places, repas et ravitaillement en été, gardé 15 juin - 15 sept., 14 places en hiver, pour réserver l'hiver s'adresser au Parc National, 05 62 54 16 40.

Gabas (64440 Laruns)
• **Chalet refuge du** *CAF* **:** 05 59 05 33 14, 50 places, fermé nov. - 15 déc., repas, ravitaillement.
• **Hôtel-restaurant** *Vignau* **:** 05 59 05 34 06, www.hotelvignau.fr, 16 chambres, fermé du 2 au 21 nov., réservation recommandée.
• **Autres hébergements :** s'adresser à l'OT de Laruns, 05 59 05 31 41.

Gourette (64440 Eaux-Bonnes)
• **Chalet** *Pyrénéa Sports* **:** 05 59 32 00 66, ligue64@laligue.org, 60 places, repas possibles, réservation recommandée.
• **Chalet du** *CAF* **:** 05 59 05 10 56, 06 15 23 35 74, ml-club-alpin-francais@wanadoo.fr, 40 places, ouvert pendant la saison de ski et juin - sept., repas.
• **Chalet** *Le Cardet* de la Ligue d'Enseignement **:** 05 59 05 10 89, 05 59 32 00 66, le.cardet@wanadoo.fr, 120 places, réservation recommandée.
• **Chalet** *Les Jonquilles* **:** route de l'Aubisque, 05 59 32 00 66, ligue64@laligue.org, 60 places, restauration.
• **Hôtels et camping :** s'adresser à l'OT des Eaux-Bonnes, 05 59 05 33 08 ou 05 59 05 12 17.

Arrens-Marsous (65400)
• **Gîte d'étape - auberge** *Maison Camélat* **:** 05 62 97 40 94, www.gite-camelat.com, 37 places, ouvert janv.-oct., repas, réservation fortement conseillée.
• **Gîte d'étape** *Le Gipaet* **:** Marcel-Venault

Sébastien, 24 route du col des Bordères, 05 62 97 48 12, marcelvenaultsebastien@orange.fr, 26 places, restauration, gestion libre, réservation conseillée.
• **Hôtel** *Le Tech*, 10 rue Couret, 05 62 97 01 60.
• **Aire naturelle de camping Mialane :** 63 route d'Azun, M. Goursau, 05 62 37 96 08, gardiennage voitures, nuitée en caravane, ouvert 20 juin – 10 sept.

SUR LE TOUR DU PIC DU MIDI D'OSSAU

Refuge de Pombie (64440 Laruns)
• **Refuge de Pombie CAF :** 05 59 05 31 78, refugedepombie@laposte.net, 45 places et hébergement sous tente marabout 16 places, gardé juin - sept. et week-ends de mai et d'octobre sur réservation, bivouac possible à proximité, repas.

SUR LE GR® 8 ou à proximité

Urt (64240) Hors GR® à 1 km
• **Hôtel-restaurant** *l'Estanquet* **:** place du Marché, 05 59 56 94 90, hotel-estanquet@wanadoo.fr.
• **Camping d'***Etche Zahar* **:** allée de Mesplès, 05 59 56 27 36, www.etche-zahar.fr, chalets, mobil-homes, ouvert mars - 15 nov.
• **Camping ** *la ferme de Mimizan* **:** chemin de Larroque, 05 59 56 21 51, www.lafermedemimizan.fr.

Urcuit (64990) Hors GR® à 2 km
• **Chambres d'hôtes** *Relais Linague* **:** 05 59 46 37 00 ou 06 08 51 64 02, www.relaislinague.com, réservation conseillée.

Mouguerre (64990)
• **Hôtel-restaurant** *La Palantxa* **:** 05 59 64 53 77, lapalantxa@yahoo.fr, réservation fortement conseillée.

Cambo-les-Bains (64250)
• **Nombreux hôtels, campings et chambres d'hôtes :** s'adresser à l'OT, 05 59 29 70 25.

Itxassou (64250) Hors GR® à 1 km
• **Refuge du Pas de Roland :** 05 59 29 75 23, ouvert toute l'année, réservation pour repas.
• **Camping caravaning** *Hiriberria*, label randovelo : 05 59 29 98 09, www.hiriberria.com, ouvert toute

l'année.
• **Hôtels, chambres d'hôtes** : s'adresser à l'OT de Cambo-les-Bains, 05 59 29 70 25.

Espelette (64250) Hors GR® à 1 km
• **Hôtel-restaurant** *Le Chilhar* : 25 rue Xilarreneko Karrika, 05 59 93 90 01, sarlenekoihan@orange.fr.
• **Hôtel-restaurant** *Euzkadi* : 285 Karrika Nagusia, 05 59 93 91 88, www.hotel-restaurant-euzkadi.com.
• **Camping** *Biper Gorri* : chemin de Lapitxague (1,5 km au nord du bourg), 05 59 93 96 88, www.camping-biper-gorri.com, fermé du 4 nov. à fin mars.
• **Chambres d'hôtes** : s'adresser à l'OT d'Espelette, 05 59 93 95 02.

Espelette Erreka (64250)
• **Camping à la ferme** *Erreka* : quartier Basaburu, Xavier Jauregui, 05 59 93 80 29, www.ferme-jauregui.com.

Aïnhoa (64250) Hors GR® à 3,5 km
• **Gîte d'étape et camping** *Harazpy* : quartier Gaztelu Gain, 05 59 29 83 38, 06 75 58 04 85, 12 places, cuisine.
• **Autres hébergements** : s'adresser à l'OT de Saint-Pée-sur-Nivelle, 05 59 54 11 69.

Souraïde (64250) Hors GR® à 2 km
• **Hôtel-restaurant** *Bergara* : chemin Eperraenia, 05 59 93 90 58, hotel.bergara@wanadoo.fr.
• **Hôtel-restaurant** *Galzagorry* : chemin Eperraenia, 05 59 93 92 80.

• **Camping** *Alegera* : 05 59 93 91 80, www.camping-alegera.com, ouvert avril – sept.

Pinodieta (Souraïde 64250)
• **Chambres d'hôtes** : s'adresser à l'OT d'Espelette, 05 59 93 95 02.

Pont d'Amotz (64310 Saint-Pée-sur-Nivelle) Hors GR® à 1 km
• **Hôtel** *Mendionde* : 05 59 54 14 90, www.epeire.com/mendionde, 47 chambres, réservation conseillée.
• **Campings d'Amotz et autres hébergements dans le bourg de Saint-Pée-sur-Nivelle** : s'adresser à l'OT, 05 59 54 11 69.

Sare (64310)
• **Gîte d'étape, camping, location chalets et Gîtes de France** *La Petite Rhune* : quartier Lehenbiscay, route de Vera, 05 59 54 23 97, www.lapetiterhune.com, 20 places en gîte, ouvert toute l'année, camping ouvert 15 juin - 15 sept., petit déjeuner, restauration à proximité, réservation conseillée.
• **Nombreux hôtels, chambres d'hôtes et campings** : s'adresser à l'OT de Sare, 05 59 54 20 14.

Tableau de ressources (lecture des localités)

■	Localité sur le parcours du GR®
■	Localité sur le parcours d'un autre GR®
□	Localité **hors GR®**
■	Liaison ou variante sur le parcours d'un GR®

GR® 10	Gîte d'étape ou refuge	Hôtel	Chambre d'hôte	Camping	Ravitaillement	Restaurant	Café	Syndicat d'initiative	Car	Train	Distributeur de billets

Temps	RESSOURCES ▶ LOCALITÉS ▼	Pages										
	HENDAYE	33		•	•	•	•	•	•	•	•	•	•
2h10	BIRIATOU	33		•					•				
2h	COL D'IBARDIN	37						•	•	•			
2h15	OLHETTE	37	•	•					•				
3h05	SARE	39	•	•	•	•	•	•	•	•	•	•	
3h20	AÏNHOA	43	•	•	•			•		•	•		
3h15	COL DES VEAUX (France)	45	•										
0	COL DES VEAUX (Espagne)	45	•										
3h30	BIDARRAY	47	•	•		•	•	•		•		•	
4h20	URDOS (hors GR® + 1 h 30)	51						•	•	•			
3h50	SAINT-ÉTIENNE-DE-BAÏGORRY	51	•	•	•	•	•	•	•	•		•	
5h40	LASSE	57								•			

wanadoo.fr, www.valleedesoule.com ;
Place Centrale, 64470 Tardets, 05 59 28 51 28, tardets-accueil@wanadoo.fr, www.valleedesoule.com.
• Barétous – La-Pierre-Saint-Martin :
OT de la vallée de Barétous, place de la Mairie, 64570 Arette, 05 59 88 95 38, info@valleedebaretous.com, www.valleedebaretous.com.
OT de la Pierre-Saint-Martin, 05 59 66 20 09, info@lapierrestmartin.com, www.lapierrestmartin.com.
• Vallée d'Aspe, place Sarraillé, 64490 Bedous, 05 59 34 57 57, aspe.tourisme@wanadoo.fr, www.tourisme-aspe.com.
• Laruns (64440), Maison de la vallée d'Ossau, 05 59 05 31 41, info@ossau-tourisme.com, www.ossau-pyrenees.com.
• Gourette – Les Eaux-Bonnes (64440), Jardin Darralde, 05 59 05 33 08, 05 59 05 12 17, info@ot-eauxbonnes.fr, www.gourette.com.
• Val d'Azun, Maison du Val d'Azun (65400 Arrens-Marsous), 05 62 97 49 49, info@valdazun.com, www.valdazun.com.

GR® 8

• Urt (64240), place du Marché, 05 59 56 24 65, urt.accueil@wanadoo.fr, ouvert l'été, www.urt.fr.
• Cambo-les-Bains (64250), 3 avenue de la Mairie, 05 59 29 70 25, info@cambolesbains.com, www.cambolesbains.com.
• Espelette (64250), mairie, 05 59 93 95 02, espelette.tourisme@wanadoo.fr, www.espelette.fr.
• Saint-Pée-sur-Nivelle (64310), place du Fronton, 05 59 54 11 69, office.de.tourisme@saint-pee-sur-nivelle.com, www.saint-pee-sur-nivelle.com.
• Sare (64310), mairie, 05 59 54 20 14, otsi.sare@wanadoo.fr, www.sare.fr.

Autres adresses

• Gîtes de France des Pyrénées-Atlantiques, service de réservation et d'informations, 20 rue Gassion, 64000 Pau, 05 59 11 20 64, www.gites64.com.
• Parc national des Pyrénées, Villa Fould, 2 rue du 4-Septembre, 65007 Tarbes, 05 62 54 16 40, pyrenees.parc.national@espaces-naturels.fr, www.parc-pyrenees.com.

Bibliographie, cartographie

Connaissance de la région

• Lévy (A.), *Le dictionnaire des Pyrénées*, éd. Privat.
• Guide Voir *Aquitaine*, éd. Hachette.
• Guide Vert, *Pays Basque, France, Espagne et Navarre*, éd. Michelin.
• Guide Bleu, *Pays basque*, éd Hachette.
• *Pays Basque insolite et secret*, éd. Jonglez.
• Guide du Routard *Pays basque (France, Espagne), Béarn*.
• Géoguide *Pays basque*, Lara Brutinot, Virginia Rigot-Muller, éd. Gallimard.
• *Dictionnaire thématique de civilisation basque*, éd. Piperrak.
• Galé (A.-M.), *Connaître la cuisine basque*, éd. Sud-Ouest.
• Laborde-Balen (L.) et Rousset (J.-P), *Les chemins de Saint-Jacques en Béarn et Pays basque*, éd. Sud-Ouest.
• Bidot-Germa (D.), *Histoire de Béarn*, éd. Per Noste.

• Guide vert *Aquitaine, Bordelais, Landes, Béarn*, éd. Michelin.
• Claustres (F.), *Connaître la cuisine du Béarn*, éd. Sud-Ouest.

Guides de randonnée

• *Le Pays basque à pied*, éd. FFRandonnée.
• *Le Béarn à pied*, éd. FFRandonnée.

Cartographie

• Cartes IGN 1 : 25 000 n° 1245 OT, 1345 OT, 1346 OT et ET, 1446 ET, 1547 OT, 1647 OT et ET, n° 1344 OT.
• Cartes au 1 : 50 000 : Randonnées Pyrénéennes Pays Basque Ouest - Pays Basque Est - Béarn - Bigorre.
• Carte IGN au 1 : 100 000 n° 166.
• Carte Michelin 1 : 150 000 n° 342 Hautes-Pyrénées - Pyrénées-Atlantiques.

Randonneurs, vous êtes des observateurs privilégiés de la nature, aidez-nous à la préserver !

La FFRandonnée, aux côtés d'autres partenaires, œuvre pour le balisage et l'entretien des sentiers que vous empruntez. Nous ne pouvons être partout tout le temps. Aidez-nous en nous signalant les anomalies que vous pourriez rencontrer au cours de vos randonnées sur les itinéraires et autour (balisage manquant, arbre en travers d'un chemin, dépôts d'ordures…).
Pour cela, procurez-vous des fiches Eco-veille® auprès du Comité départemental de la randonnée pédestre ou des partenaires de ce dispositif (offices de tourisme, hébergeurs...) ou sur le site Internet :

www.cdrp64.com

Eco-veille®

LAC D'ANSABÈRE /
PHOTO C. DE FAVERI

FFRandonnée
TopoGuides®
La Picardie
... à pied®
50 Promenades et Randonnées
PR
Promenade & Randonnée
GR
Grande Randonnée
GR 5
A PIED EN FAMILLE®
DÉCOUVERTE DE LA NATURE
OBSERVATION DE LA FAUNE
RANDOCITADINES®
Sur
Cô
dan
Crêt
des
FFRandonnée
www.ffrandonnee.fr
Tout le
catalogue en ligne
www.ffrandonnee.fr
Un choix de titres pour tous et dans toute la France.
Un catalogue très riche : 4 collections et 270 titres.
Des randonnées itinérantes et des promenades en famille.
Des nouveautés et des mises à jour tous les ans.
TopoGuides®
La meilleure façon de marcher.

Nous adorons terminer
nos balades par un petit
rafraîchissement.

DDB Travel &Tourism · © CDT 64/Etorri.

Mesurez-vous aux
Pyrénées-Atlantiques
PAYS BASQUE & BÉARN

PYRENEES
ATLANTIQUES
CONSEIL GENERAL

www.rando64.fr

Découvrir
les Pyrénées Occidentales

Du Bassin de l'Adour
aux Pyrénées-Atlantiques

Cette « voie Royale » des randonneurs s'inscrit dans la région naturelle du Bassin de l'Adour, comprenant, outre les « 3 B » (Basque, Béarn, Bigorre), le Gers et les Landes. « Novempopulanie » des Romains, « Généralité d'Auch » sous l'Ancien Régime, elle survit dans quelques institutions comme la Cour d'Appel de Pau ou l'Archevêché d'Auch, et des entités économiques. C'est la contrée où l'on parle gascon, dialecte roman influencé par un substrat basque, ce basque pré-latin parlé dans toute l'Aquitaine du temps de César, avant d'être cantonné dans un « pays ». L'étymologie le prouve : basque et gascon sont des doublets dérivant tous deux d'un nom de peuple, les Vascons. Ce bassin géographique a pour charnière la boucle formée par l'Adour, qui, né au-dessus de Bagnères-de-Bigorre, traverse Tarbes, Aire et Dax et se jette près de Bayonne dans l'Océan, après avoir reçu, parmi ses affluents, les Gaves et les Nives descendus des Pyrénées.

Sur le plan humain, outre le langage, ce « bassin » est marqué par des usages communs. C'est le pays de la garbure ; du jambon de Bayonne dont le foehn, vent chaud soufflant des Pyrénées jusqu'aux rives de l'Adour, facilite la maturation ; du maïs, favorisé par les pluies venues de l'Atlantique ; c'était hier le pays des lents attelages de bœufs, aujourd'hui encore celui de la passion du rugby, des quilles de neuf et de la pelote basque ; le pays enfin où l'on porte le béret.

Voilà pour la géographie. L'histoire, elle, est plus complexe. La Révolution morcela en 1790 la Généralité d'Auch en quatre départements. Celui où commence le GR® 10, d'abord baptisé « Basses-Pyrénées », reçut en 1970 le nouveau nom de « Pyrénées-Atlantiques », plus exact pour le géographe, plus aguichant pour le touriste. Il comprend deux entités humaines, à l'ouest le Pays Basque, à l'est le Béarn.

Il faut, pour être précis, en ajouter une troisième, d'Anglet à Peyrehorade, un bout de Gascogne par lequel pénètre le GR® 8 venu des Landes : c'est l'ancienne principauté de Bidache, où l'on parle gascon, mais que l'histoire a davantage associée à ses voisins basques. Longtemps anglaise, elle fut le berceau de la famille millénaire des Gramont, qui a fourni des gouverneurs de Bayonne et des maréchaux de France.

Les Vicomtes de Béarn, eux, surent acquérir une large indépendance, qui culmina sous Gaston Fébus, par un jeu constant de bascule entre duché d'Aquitaine et royaume d'Aragon, puis entre Anglais et Français. Intégré par mariages dans les vastes ensembles pyrénéens du Comté de Foix et de la Maison d'Albret, le Béarn resta toujours la pierre angulaire qui permit à ses princes de se dire « souverains ». Deux conséquences majeures : sous Jeanne d'Albret, le Béarn fut le seul état protestant du sud de l'Europe ; et l'édit de Villers-Cotterêts ne s'y appliqua pas ; notaires et députés communaux continuèrent à user de la langue béarnaise jusqu'à la Révolution, bien qu'en 1620, Louis XIII ait « rattaché » le Béarn à la France.

DESCENTE DU LAC D'ANGLAS / PHOTO N. ILADOY

CHEMIN DE PROCESSION GR® 10 / PHOTO C. DE FAVERI

Unis par leur culture, les Basques le furent moins sur le plan historique. Les trois provinces du nord des Pyrénées (quatre autres sont en Espagne) ont eu des destins divers. Le Labourd côtier fut anglais, puis français, avec une forte autonomie de Bayonne. La Basse-Navarre, de Saint-Palais à Saint-Jean-Pied-de-Port, appartenait au Royaume transpyrénéen de Navarre, décrit par ailleurs. La Soule, de Mauléon à Sainte-Engrâce, dépendant de l'évêché béarnais d'Oloron, jouit sur le plan politique d'une autonomie vis-à-vis de ses voisins navarrais et béarnais.

CASCADE / PHOTO N. ILADOY

La région ainsi campée, il est temps de présenter les paysages que sentiers et chemins vont nous faire découvrir. Le parcours du GR® 8 est décrit par ailleurs.

Le GR® 10, qui va de l'Océan à la Méditerranée le long des Pyrénées (415 km à vol d'oiseau, davantage à pied), débute à la plage d'Hendaye. Il s'élève d'abord lentement sur un moutonnement dépassant rarement 400 mètres : nous sommes en réalité sur des « pré-Pyrénées » calcaires, car, à l'ouest du Pic d'Orhy, la zone axiale s'infléchit en Espagne, en direction de la chaîne cantabrique. Sur ces montagnes aimables, où alternent bois et pâturages, piquées de fermes labourdines blanches et rouges, souvent en colombages, avec des toits de tuile à double pente dissymétrique, notre chemin joue avec une frontière débonnaire de l'autre côté de laquelle subsistent les pittoresques « ventas », à la fois cabarets et épiceries.

Le paysage prend un aspect vraiment montagnard à partir des crêtes déchiquetées

MAISON BASQUE / PHOTO LAPLACE/CDT64.

d'Iparla, qui s'élèvent à plus de 1 000 m, au-dessus de Bidarray. Nous sommes maintenant en Basse-Navarre, où les maisons de forte maçonnerie ont des allures de fortins, avec leurs chaînages de pierre aux angles et autour des portes cochères, et souvent un balcon à l'étage. Passé Saint-Jean-Pied-de-Port, où nous croisons le GR® 65, chemin de Saint-Jacques, nous grimpons sur le haut plateau d'Iraty, qui envoie une partie de ses eaux, non vers l'Adour, mais au sud, vers l'Èbre. Nous y évoluons entre 900 et 1 500 m entre les hautes hêtraies et les vastes pâturages d'été, propices à la fabrication du fromage de brebis.

Le Pic d'Orhy (2 017 m) qui nous domine au sud marque le début de la zone axiale des Pyrénées, rajeunie au tertiaire par l'affrontement de plaques ibérique et continentale. Des dénivelés importants nous attendent désormais car à chaque étape nous plongeons de cols élevés vers de profondes vallées au profil glaciaire, d'abord en Soule, celles de Larrau et

LESCUN / PHOTO CDT64.

de Sainte-Engrâce, puis en Béarn, après la Pierre-Saint-Martin, cité barétounaise d'altitude, celles d'Aspe et d'Ossau. Bien que les Souletins soient basques, leurs maisons aux toits d'ardoise pointus, avec portes cochères et fenêtres étroites, ressemblent à celles des Béarnais, sauf pour l'aménagement intérieur.

Le GR® flirte avec la limite du Parc national des Pyrénées, n'y pénétrant qu'entre le col d'Ayous et Gabas ; mais le « Tour du Pic du Midi d'Ossau » est, lui, entièrement dans le Parc.

L.L.B

Règlement du Parc

Le cœur du parc national est un territoire naturel, ouvert à tous, mais soumis à une réglementation qui relève d'un code de bonne conduite.

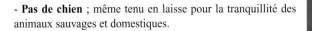

- **Pas de chien** ; même tenu en laisse pour la tranquillité des animaux sauvages et domestiques.

- **Ni cueillette, ni prélèvement :** animaux, plantes, minéraux et fossiles appartiennent au paysage.

- **Pas d'arme :** ici tous les animaux sont protégés.

- **Pas de déchets**, pour conserver la nature propre.

- **Pas de feu**, pour éviter incendies et dégradations du sol.

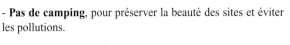

- **Pas de camping**, pour préserver la beauté des sites et éviter les pollutions.

- **Bivouac réglementé**, autorisé à plus d'une heure de marche des limites du parc ou d'un accès routier. Tolérance 19 h - 9 h.

- **Pas de véhicule, ni V.T.T.**, cet espace se découvre à pied, circulation interdite en dehors des voies autorisées.

- **Ni bruit, ni dérangement**, pour la quiétude de tous.

- **Pas de parapente ou autres sports aériens :** le survol à moins de 1 000 m du sol est interdit pour la tranquillité de la faune sauvage.

La réglementation, affichée dans les Maisons du Parc, fixe un certain nombre d'interdictions que les garde-moniteurs sont chargés de faire respecter. Ceux-ci sont habilités à délivrer des contraventions ou des procès-verbaux.
Les règles qu'elle établit font appel au bon sens, à un élémentaire respect de la nature et de ceux qui la fréquentent.

Parc national des Pyrénées
2, rue du 4-Septembre, 65000 Tarbes, tél. 05 62 54 16 40
site internet : www.parc-pyrenees.com

Le Parc national des Pyrénées

En val d'Azun / photo PNP. Ch. Verdier

L e Parc national des Pyrénées a été créé le 23 mars 1967 avec pour objectif de protéger et de suivre le patrimoine naturel, culturel et paysager, d'accueillir tous les publics et de favoriser un développement patrimonial des vallées.

Situé à des altitudes qui ne sont jamais inférieures à 1 100 mètres, il côtoie côté espagnol le Parc national d'Ordesa et du mont Perdu. Il s'étend, d'ouest en est, de la vallée d'Aspe (Pyrénées-Atlantiques) à la vallée d'Aure (Hautes-Pyrénées).

Il est composé d'une zone réglementairement protégée, que l'on appelle « cœur ». (45 000 ha). Ses limites sont signalées par des balises rouges et blanches représentant une tête d'isard.

Contrairement au cœur du parc national, qui ne comporte aucun habitat permanent, l'aire d'adhésion (200 000 ha) abrite plus de 40 000 habitants sur 86 communes.

Isard / photo PNP. J.P.

Outre d'admirables paysages, que verrez-vous en cheminant à travers le Parc national des Pyrénées ?

Le Parc national est en partie constitué de pâturages et les activités pastorales s'y exercent de juin à octobre. Cette période voit monter en estive les bovins, équins et surtout ovins dont l'élevage est particulièrement orienté, dans les Pyrénées-Atlantiques vers la production des fromages parmi lesquels le célèbre fromage de brebis de la vallée d'Ossau.

Les autres richesses naturelles du Parc national sont la forêt, essentiellement composée de sapins et de hêtres, et aussi les eaux vives qui forment d'innombrables ruisseaux et torrents coupés par quelques 300 lacs d'altitude. Gaves et lacs hébergent de nombreux salmonidés : truite commune ou truite arc-en-ciel, saumon de fontaine, omble chevalier.

La faune est exceptionnelle par la présence de grandes espèces devenues rares en France et qui survivent grâce aux mesures de protection dont elles bénéficient : l'ours brun, mais également les grands rapaces : gypaète barbu, percnoptère d'Égypte, vautour fauve, aigle royal, et aussi le grand tétras. D'autres espèces se rencontrent plus fréquemment : les isards surtout qui comptent quelques six mille têtes et les marmottes.

La flore est également très originale en raison du grand nombre d'espèces endémiques à la chaîne des Pyrénées. Parmi elles, citons la ramonde, le lis, la fritillaire, le saxifrage à longues feuilles et le chardon bleu des Pyrénées. La période de pleine floraison se situe en juin-juillet pour les altitudes moyennes et en août pour la haute montagne.

Plus de trois cent cinquante kilomètres de sentiers ont été tracés ou balisés et permettent la pratique de la randonnée. Vingt-trois refuges accueillent les randonneurs dans le Parc national.

Certaines de ces randonnées sont signalées dans le présent topo-guide lorsque leur itinéraire croise celui du sentier GR® 10.

Dans chaque vallée, les Maisons du parc national proposent accueil et information pour tous les publics grâce à des expositions, films, publications, conférences…

Maisons du Parc national des Pyrénées :

• en vallée d'Aspe à Etsaut (05 59 34 88 30),

• en vallée d'Ossau à Laruns (05 59 05 41 59),

• en val d'Azun à Arrens-Marsous (05 62 97 43 13),

• et à Tarbes au siège du Parc national, 2 rue du 4-Septembre (05 62 54 16 40).

Le Parc national des Pyrénées est un partenaire permanent de la vie locale. Il apporte une aide technique et financière aux communes, aux socioprofessionnels et aux associations pour favoriser un développement patrimonial des vallées.

GENTIANE DE KOCK /
PHOTO PNP. E. SAILLER

Le sentier GR® 10
D'Hendaye à Arrens-Marsous

D' Hendaye à la D 180 — 1 h 10

À Hendaye > 🏨 🛏 ⛺ 🛒 ✕ ☕ ℹ️ 🚌 🚉 ✏️

👁 **>** Hendaye : ville frontière située sur la rive droite de la Bidassoa. Station balnéaire.

> Le GR® 10, comme la HRP (sentier de Haute Randonnée Pyrénéenne), prend son départ à Hendaye (0 m), au bord de l'océan, face à l'ancien Casino de style mauresque.

❶ Dos à l'Atlantique, s'engager dans le boulevard du Général-Leclerc, traverser le square du Rond-Point et emprunter légèrement à droite la rue des Citronniers. Suivre à gauche le boulevard qui borde la baie de Chingoudy et contourner un terrain de foot par la droite. Tout de suite après, bifurquer à gauche et remonter sur le boulevard du Général-Leclerc par un escalier. Traverser et s'engager en face dans la rue de Belcenia. Au rond-point, emprunter la rue Parcheteguia en traversant une cour d'immeuble, remonter à gauche la rue de Subornea, passer sous la voie ferrée et gravir la ruelle en face. Monter par la route sur 60 m, puis utiliser la rue Errondenia s'élevant vers l'est.

❷ Monter par la petite route à droite, laisser une villa à gauche, puis s'engager sur le chemin à gauche vers un bois clôturé. Au sud-est, il traverse des landes, grimpe un peu, néglige une villa à gauche, descend et débouche sur la D 180 (ex N 10) (92 m).

De la D 180 à Biriatou — 1 h

❸ Monter par la D 180 (ex N 10, ⚠️ **> danger : route fréquentée)** à gauche sur 50 m, puis descendre sur le sentier à droite, au-dessus d'une cabane en dur. Il gravit une croupe, puis descend. Remonter par la petite route et, après la maison Chabaldegui, descendre par la rue à droite.

❹ Suivre la petite route à gauche, partir à droite, puis passer sous l'autoroute par le passage souterrain. Emprunter en face, en rive droite du vallon, le chemin qui monte légèrement, puis descend et dépasse une ferme. Franchir le ruisseau, gravir la pente, puis descendre par la ruelle et atteindre une bifurcation, à l'entrée de Biriatou (50 m).

De Biriatou au col d'Ibardin — 2 h

À Biriatou > 🏨 ✕

👁 **>** Biriatou domine la Bidassoa qui sépare ici la France de l'Espagne. Le fronton est enclavé dans les maisons du village.

❺ Laisser le centre de Biriatou à droite et descendre à gauche. Laisser deux voies à gauche et emprunter la troisième sur 50 m avant de bifurquer de nouveau à droite (est) sur le chemin de terre. Passer le réservoir et franchir la barrière.

❻ 100 m au-dessous du pylône, partir à droite et continuer à flanc du Xoldokogaina. Tourner à gauche pour contourner l'Osin, et monter en sous-bois au col des Poiriers (316 m) dominant le barrage du lac Xoldo.

LES GRANDES HEURES D'HENDAYE

Bien que le GR® traverse Hendaye par ses quartiers nord, bien loin de la Bidassoa (nous ne nous en approcherons qu'à Biriatou), les origines de la ville, qui fut à la fois un port de pêche et un point de passage international, doivent être rappelées… Parmi les voyageurs transfrontaliers figuraient bien évidemment les pèlerins de Saint-Jacques suivant le chemin côtier ; aussi n'est-il pas étonnant qu'au XVIᵉ siècle, ce soient encore les Prémontrés qui assurent le passage de la baie par bac. Quant à « l'île des Faisans », ou « de la Conférence », codominium franco-espagnol au milieu du fleuve, elle fut de tout temps le lieu des rencontres des pêcheurs guipuzcoans et labourdins, réglant en ce temps-là leurs différends à l'amiable. Puis vinrent les rencontres royales : Louis XI et Henri IV de Castille en 1469, Isabelle de France et Anne d'Autriche en 1615, Mazarin et Luis de Haro en 1659, préparant la Paix des Pyrénées puis, l'année suivante, le mariage de Louis XIV

avec Marie-Thérèse, et enfin en 1861, Napoléon III et Isabelle II d'Espagne, pour l'inauguration d'un monument. L'échange de François Iᵉʳ prisonnier à Pavie, contre deux de ses fils, otages, ne se fit pas dans l'île, mais à proximité, dans une barque. Quant à l'entrevue d'Hitler et de Franco, elle eut lieu le 23 octobre 1940 à Hendaye-Gare. Le Führer en revint bredouille ; quelque dette que le Caudillo eût à l'égard des escadrilles allemandes, il ne tenait pas à engager son pays exsangue dans une nouvelle guerre… Plus proche de notre chemin, au cœur de la vieille ville, l'église Saint-Vincent peut mériter un détour. Datant du XVIᵉ siècle, reconstruite après les incendies de la Révolution et de l'Empire, elle garde un riche mobilier, dont un Christ du XIIIᵉ siècle et des pierres tombales.

LA RHUNE, OU LARRUN

La Rhune est l'exemple de ces noms de lieux mal orthographiés par les cartographes. « La » n'est pas un article, mais au contraire « -un » un suffixe. Le mot basque est Larrun, de Larre, pâturage. Cet incomparable belvédère (917 m) où passe la frontière fut de tout temps révéré, et l'on y place certains sabbats des « sorcières » basques, traquées et brûlées au début du XVIIᵉ siècle par le sadique Conseiller de Lancre. Plus tard, l'Impératrice Eugénie, séjournant à Biarritz, lança la mode

des excursions à La Rhune. Espagnole d'origine, elle y dansa même un fandango endiablé qui scandalisa un peu la Cour. La réputation touristique de la montagne étant bien établie, on construisit en 1924 le train à crémaillère qui fonctionne toujours avec succès. À 8 km à l'heure, il hisse les voyageurs du col routier de Saint-Ignace (165 m) au sommet d'un contrefort du pic, à 625 m. Le randonneur le rencontrera à la station intermédiaire du col des Trois-Fontaines.

La Rhune / photo P. Laplace

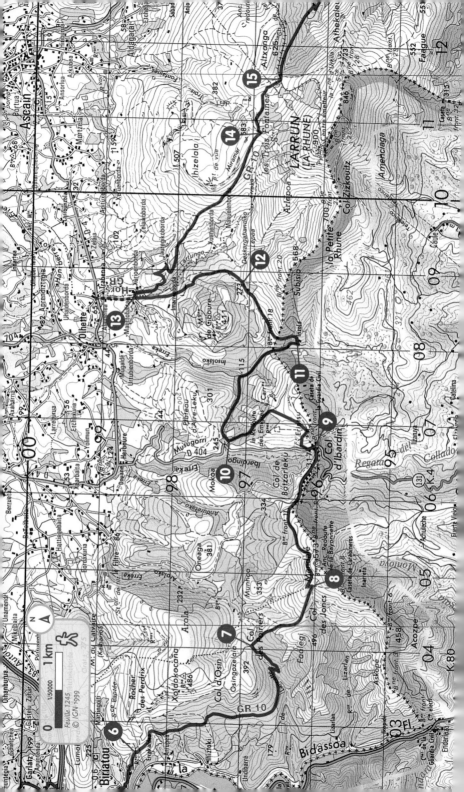

7 Monter à droite le long d'une plantation de mélèzes pour atteindre le col des Joncs (419 m), puis continuer à monter au sud-est.

8 Juste avant un ruisselet, prendre à gauche le sentier horizontal qui conduit à un éperon herbeux, puis, par une sente, remonter au sud-est pour suivre vers l'est, le sentier en balcon sur le flanc nord du Mandalé. Par un large chemin, descendre vers la longue série des ventas du col d'Ibardin (317 m) *(Les ventas sont des établissements situés sur le territoire espagnol qui proposent, entre autres, de l'alimentation et, souvent, de la restauration).*

Du col d'Ibardin à la venta d'Inzola   1 h

Au col d'Ibardin >

9 Au col d'Ibardin, descendre par la D 404 sur 100 m (nord), puis s'engager à droite sur le sentier qui s'élève au nord-est puis à l'est. Franchir la crête (380 m), descendre dans le vallon (nord-est) par le sentier en rive gauche et atteindre le terre-plein d'une ancienne exploitation de dalles de grès. Suivre la route empierrée (nord-ouest) jusqu'à un replat.

10 Descendre dans le vallon boisé à l'est en longeant le ruisseau. Franchir le cours d'eau et le suivre sud-est jusqu'à la borne frontière n° 18 [👁 > le GR® 10 entre en Espagne]. Continuer sur 400 m vers la venta d'Inzola (115 m).

De la venta d'Inzola à Olhette   1 h 15

À la venta d'Inzola >

11 20 m avant la venta d'Inzola, franchir la passerelle et monter par le chemin en face (barrière). Il vire à droite (sud-est), à gauche [👁 > le GR® 10 quitte l'Espagne] et s'élève en rive gauche du vallon boisé pour atteindre le col du Descargahandiko Lepoa (273 m).

12 Suivre le sentier en balcon et, après la barrière, gagner l'entrée d'Olhette (100 m).

D'Olhette au col des Trois-Fontaines   1 h 30

À Olhette >

13 Ne pas entrer dans Olhette, mais tourner deux fois à droite pour remonter au sud la rive droite du torrent Larrungo Erreka. Obliquer au sud-est pour contourner un piton. Le sentier longe les rochers Miramar et atteint le col des Trois-Fontaines (563 m).

> À 300 m au nord, petit refuge où l'abri est permis, mais pas le campement.

Du col des Trois-Fontaines à la voie du train de la Rhune   20 min

14 Au col des Trois-Fontaines, continuer par le sentier (est) en laissant à gauche une zone marécageuse puis à droite une tourbière (⚠ **>bien suivre le balisage pour éviter de descendre à gauche sur Ascain**). Enjamber le ruisseau à droite d'un muret faisant un barrage, remonter de quelques mètres et gagner un bosquet de conifères situés à l'est, près de la voie du train de la Rhune (543 m).

De la voie du train de la Rhune à Sare

1 h 15

⑮ Traverser la voie du train de la Rhune, la longer et descendre dans la vallée (sud-est) par le sentier à flanc sur la rive gauche du vallon et parallèle, au début, à la voie ferrée. Atteindre une première bergerie en ruines, puis une seconde, dominant un vaste enclos. Le contourner par la droite, descendre la large piste, et continuer par le sentier (est). Franchir deux ruisseaux, puis une barrière canadienne. Descendre par la route à gauche (est). À la ferme, s'engager à gauche sur le chemin empierré (nord) qui mène à une autre ferme.

⑯ La laisser sur la droite et s'engager dans le chemin creux. Après le ruisseau, descendre la route plein est vers la ferme [> vue sur le village de Sare]. Continuer la descente pour couper une route et se diriger vers le parking à gauche.

Par le chemin en palier bordé de murets, rejoindre et longer un fronton, virer à gauche puis à droite pour passer devant l'église et atteindre la place de Sare (70 m).

> Jonction avec le GR® 8 qui arrive à gauche (nord) de Cambo-les-Bains (voir page 124).

De Sare à la venta Berrouet

1 h

À Sare > ◻ ▦ ⛺ 🏕 🍴 ✕ ☕ ⓘ 🚌 🖼

◉ > Sare : village basque typique, patrie de Ramuntcho, héros de Pierre Loti. Église avec tour carrée.

> La frontière qui ne respecte pas le relief et qui empiète largement sur le versant nord, fait délaisser la montagne entre Sare et Aïnhoa. Ces deux pittoresques villages sont reliés par des routes que le GR® néglige.

⑰ De la place de Sare, suivre la rue principale au sud sur 50 m et, dans le virage, continuer en face sur la voie Médiévale. Ce beau chemin dallé ponctué d'oratoires, franchit un ruisseau et monte vers la route de crête. Prendre la route à gauche et, dans le virage, s'engager sur la voie goudronnée devenant chemin de terre.

⑱ À l'angle, descendre à droite jusqu'à la route [◉ > à gauche, à 200 m, pont romain]. Poursuivre à droite par la D 306.

⑲ Dans le virage, prendre en face la direction de la venta Berrouet. À la ferme Martienekoborda, suivre la route de droite et franchir un petit pont. À la ferme suivante, passer à gauche entre les bâtiments et monter par le chemin à droite sur 200 m. Par la piste, arriver au parking de la venta Berrouet (100 m).

EN REDESCENDANT DE LA RHUNE /
PHOTO C. DE FAVERI

DE LA PRÉHISTOIRE AUX POTTÖKS

Sare possède au sud du village et assez à l'écart du GR, d'importantes grottes préhistoriques qui ont livré un important matériel solutréen et magdalénien. Aujourd'hui, le visiteur y voit surtout évocations et reconstitutions.

En revanche, le randonneur rencontrera ce qui est un vestige vivant de la préhistoire : le « pottök », petit cheval basque vivant en semi-liberté dans la montagne. Sans doute est-il en effet l'héritier des chevaux barbus qu'on voit sur les fresques préhistoriques (le tréma du « ö », qui n'existe pas dans la graphie basque, n'a d'autre but que d'attirer l'attention sur une prononciation mouillée : tjo. Le pluriel basque est pottokak) Surexploité pour le travail dans les galeries de mines et la fabrication du saucisson d'Arles ou du salami, mal aimé à l'heure des mises en cultures intensives, le « pottök » était menacé de disparition, quand Paul Dutournier, maire de Sare constitua une association nationale et une réserve pour la sauvegarde de l'espèce. De nombreux éleveurs pyrénéens ont depuis adopté cette race rustique dans d'autres vallées, et le risque aujourd'hui est plutôt celui de l'abâtardissement que celui de l'extinction.

POTTÖK / PHOTO C. DE FAVERI

GASTRONOMIE
LE GÂTEAU ET LE CIDRE BASQUES

Comment, en déposant devant notaire la recette de leur « etcheko bixkoxa », il y a plus de deux cents ans, les sœurs Etcheberry auraient-elles pu imaginer le succès que remporterait le gâteau basque ?

Leur traditionnel et campagnard « bixkoxak », était, à l'origine, une base de farine de maïs à la graisse, à laquelle on donnait une forme de petit cochon.

Plus tard, au XVIIIe siècle, on y ajouta une couche de confiture des fruits de saison comme la fameuse cerise noire d'Itxassou. La garniture de crème n'apparut qu'à la fin du XIXe.

À son retour de New York en 1992, Bixente Marichular créa à Sare avec son épouse, la pâtisserie Haranea et le Musée du Gâteau Basque dans une maison typique de ce beau village. Ils fournissent les restaurants et les hôtels de la région en maintenant la tradition de ce dessert original qui, au fil du temps avait fini par perdre son authenticité.

Une autre spécialité basque : le cidre. Ce breuvage est redevenu à la mode de ce côté-ci de la frontière alors qu'on n'a jamais cessé de le servir sur le versant sud des Pyrénées. Issu de la culture des pommiers favorisée par l'influence océanique, il peut être savouré dans les fermes entièrement consacrées à cette production et qui sont autant de cidreries artisanales. On y propose le remplissage des verres au jet continu des immenses fûts de bois qui occupent tout un mur de la salle de dégustation.

Déjà au Moyen Âge, les pèlerins de Compostelle remplissaient ainsi leur coquille dans les fermes basques.

LE GÂTEAU BASQUE / PHOTO J.-P. GAILLARD

De la venta Berrouet à la D 4

1 h 20

À la venta Berrouet >

20 Laisser la venta Berrouet à droite. Pour éviter des propriétés, le GR® fait un crochet vers le nord. Descendre par la route de Sare sur 200 m puis, à l'embranchement, laisser à droite la route de la venta Urt-Txola pour prendre en face celle qui monte vers la ferme Lekaienborda.

21 Prendre à droite la route de la venta Galza Gorri (est, puis sud-est). À un petit bosquet, s'engager sur le sentier à gauche. Il longe une clôture et arrive en face de la venta. La laisser à droite et utiliser vers l'est une petite route qui suit la frontière.

> À la borne 63, venta Bergara *(boissons, ravitaillement)*.

Continuer vers l'est. D'abord plat, le chemin descend (ferme espagnole à droite) puis remonte à la borne 65. Prendre à droite le chemin descendant à une venta fermée.

22 Quitter la frontière par le chemin au nord - nord-est. Après le pont équipé de deux grosses buses, quitter la piste et suivre le sentier qui longe au plus près la rive droite du ruisseau. Quand il rejoint la piste, traverser en face et, par un bon chemin, rejoindre la Nivelle au pont du Diable.

De la D 4 à Aïnhoa

1 h

23 Traverser la D 4 et, sans franchir le pont du Diable, remonter les bords boisés de la Nivelle par l'aire de pique-nique. Après un méandre, emprunter le pont, puis s'engager à droite derrière la pisciculture sur le sentier qui domine la Nivelle. Descendre par le chemin à gauche (est). Il longe un ruisseau et monte dans un bois. Poursuivre par la route sur 1 km et, par la D 20 à gauche, atteindre le centre d'Aïnhoa (120 m).

> Aïnhoa est classé parmi les plus beaux villages de France.

D' Aïnhoa au col des Trois-Croix

1 h 30

À Aïnhoa >

24 À l'église d'Aïnhoa, prendre la rue à droite, virer à gauche puis à droite et monter au réservoir. Gravir à droite le chemin de croix qui mène à la chapelle de l'Aubépine.

ÉGLISE D'AÏNHOA /
PHOTO P. BELLANGER

25 Monter par la piste qui passe derrière les trois croix. Poursuivre par le chemin dans le creux du vallon sur le flanc ouest de l'Erebi. Il en franchit l'éperon nord-ouest (413 m), vire au sud-est, remonte sur le flanc nord et passe à une source *(eau potable)* 300 m avant d'atteindre un col (490 m). Emprunter la piste à droite (sud) et parvenir au col des Trois-Croix (510 m).

STÈLES DISCOÏDALES ET CALVAIRE, À LA CHAPELLE DE L'AUBÉPINE / PHOTO P. BELLANGER

Du col des Trois Croix au col Zuharreteaco — 1 h

> Passer ou stationner devant les postes de tir pendant la période de chasse à la palombe (octobre ou novembre) peut présenter certains dangers pour les randonneurs.

26 Au col des Trois-Croix *(une seule petite croix de fer)*, emprunter la route (sud-est) et poursuivre jusqu'à un col (430 m). Laisser à gauche une série de cabanes de chasse et continuer tout droit. Le chemin s'élève, redescend pleine crête à un petit col, puis remonte, laissant à droite une bergerie. Il s'infléchit à gauche, franchit des ruisselets et gagne le col Zuharreteaco (566 m).

Du col Zuharreteaco au col des Veaux — 45 min

> Variante par beau temps [👁 > panorama] par la crête *(non balisée, voir tracé en tirets sur la carte).*

27 Au col Zuharreteaco, continuer vers le sud, à flanc, du côté est, par le sentier en corniche jusqu'à la ferme Esteben *(restauration, gîte).* Contourner la ferme Esteben et poursuivre sur une route empierrée pendant 300 m. Quitter la route dans un virage à droite et monter tout droit le long d'une clôture. Poursuivre dans la même direction sur la route d'accès à la ferme Esteben jusqu'au col des Veaux (550 m).

Du col des Veaux au col de Méhatché — 1 h

Au col des Veaux (Ferme Esteben, France) > 🏠 🍴 ☕ 🍺
Au col des Veaux, 300 m en contrebas (Espagne) > 🏠 🍴

28 Traverser la route et s'engager sur le sentier au nord-est. Continuer par la route des Radars de l'Artzamendi sur 1 km et arriver au col de Méhatché (716 m).

Du col de Méhatché à Bidarray — 2 h 30

29 Au col de Méhatché, suivre vers l'est le sentier d'abord horizontal qui oblique un peu à droite. Passer un menhir, les bornes frontières 82 et 83 et traverser une exploitation de dalles avant de descendre sur le plateau (sud-est).

30 Laisser à gauche la bergerie Zelhaïburu (630 m) et descendre dans le ravin pour trouver un sentier dans les éboulis. En corniche, il contourne un éperon (⚠ > **descente parfois raide, passages délicats**), passe au pied de la grotte du Saint-qui-Sue et descend jusqu'à une petite route.

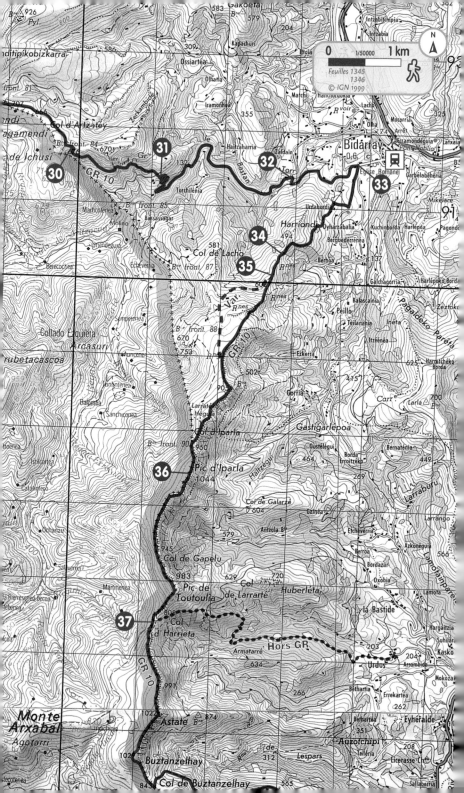

31 Descendre à gauche par cette route en lacets jusqu'au torrent Bastan. Franchir le pont et suivre la route sur 2 km.

32 Environ 50 m avant un deuxième pont (pont d'Enfer), s'engager à droite dans le sentier qui grimpe en lacets, puis continuer à gauche (est) par un chemin en balcon jusqu'à l'entrée de Bidarray (150 m).

> La gare SNCF se trouve sur la D 978, au bord de la Nive.

De Bidarray au col Pagalépoa — 50 min

À Bidarray > 🏠 📷 ⛺ 🍴 ✕ ℹ️ 🚉

⚠️ **> Dans la suite de l'itinéraire : tenir les chiens en laisse dans la traversée des pacages à brebis** *(le passage du GR® a été autorisé par les bergers à cette seule condition).*

33 Avant le centre de Bidarray, tourner à droite. Prendre la route à droite et grimper par le deuxième chemin à droite. Il dessert la ferme Urdabordia, tourne à gauche, passe sous les châtaigniers et grimpe vers les crêtes d'Iparla avant d'atteindre le col Pagalépoa avec une bergerie en ruines peu visible (450 m).

Du col Pagalépoa au pic d'Iparla — 2 h 15

34 Monter à gauche (sud-ouest) par le sentier bien marqué. Laisser à gauche, au bord de l'à-pic, une bergerie ruinée, puis gagner un embranchement de sentiers.

Variante évitant la crête aérienne ▬

Le GR® utilise une sente très aérienne qui domine des à-pics dangereux par temps de brouillard. Pour les éviter, emprunter à droite le bon sentier muletier passant sur le flanc nord de la montagne jusqu'à une bergerie avec enclos, dénommée Bourouzune Koborda ; monter ensuite à gauche (sud-est) pour retrouver le GR® près d'une pierre gravée et, 10 m plus loin, d'une croix de fer, situées au bord des à-pics (voir tracé en tirets sur la carte).

35 Le GR® s'engage à gauche sur la sente de crête qui suit le flanc est de la montagne et contourne un piton rocheux. Parvenir à une bergerie ruinée et à un menhir couché, monter à un col herbeux (770 m) et longer la crête (simple rebord d'un plateau herbeux incliné vers l'ouest et cassé à l'est en à-pics) au sud. Passer au Larratéko-Héguia (962 m), redescendre au col d'Iparla, remonter à la borne 90 et parvenir au pic d'Iparla (1 044 m) [👁 > balise géodésique espagnole, panorama sur plus de 100 km, de l'océan au pic d'Anie].

Du pic d'Iparla au col d'Harrieta — 1 h 15

36 Au pic d'Iparla, suivre (sud/sud-ouest) des sentes à droite du fil de la crête qui présente encore deux pics (1 042 m et 1 017 m), avant de s'abaisser au col de Gapelu (945 m). Continuer (sud-est) pour passer le pic de Toutoulia (983 m). La crête vire (sud-ouest) et descend au col d'Harrieta (808 m)

GASTRONOMIE
LE VIN D'IROULÉGUY

« Un vin qui fait danser les filles », disait Curnonsky. Et il faut bien un verre d'Irouléguy, vif et bouqueté, pour accompagner les pas endiablés du fandango basque !

À l'extrémité occidentale des Pyrénées, les vignobles de l'Irouléguy étaient déjà cultivés par les moines de Roncevaux. Ce petit terroir prendra son essor après la Seconde Guerre mondiale, grâce aux efforts persévérants du colonel Minjonnet, entouré de quelques agriculteurs. La cave coopérative d'Irouléguy ne date que de 1954. Entre Saint-Jean-Pied-de-Port et Saint-Étienne-de-Baïgorry, les vignobles s'étendent sur quelque 200 hectares et 15 communes, produisant près de 8 000 hectolitres par an. De nouveaux vignobles sont plantés chaque année sur les collines pour ce vin d'appellation classé AOC depuis 1970. Cultivées en terrasses, entre 100 et 400 m d'altitude, sur un sol argilo-calcaire à galets ronds, les vignes bénéficient d'un ensoleillement optimal. À la vendange, la récolte est vinifiée à la cave coopérative d'Irouléguy.

Le rosé, couleur cerise, est idéal pour accompagner un plat de charcuterie des Aldudes. Le blanc est issu du Courbu et du Menseng. Frais et parfumé, il est remarquable, tel le Xuri d'Ansa 2004 et l'Anderena 2004. Le rouge d'Irouléguy comme le rosé, proviennent des Cabernets et du Tannat. Chaud et fruité, l'Irouléguy rouge se révèle avec le millésime 2002 de la cuvée Argi d'Ansa. Ces vins légers titrent autour de 10 ° et s'apprécient d'autant mieux en été.

HISTOIRE
LE GÉNÉRAL HARISPE,
L'UNE DES GRANDES FIGURES DE BAÏGORRY

La vallée de Saint-Étienne-de-Baïgorry, autrefois difficile d'accès, était bien défendue. Le château d'Etxauz domine la Nive des Aldudes. Édifié au XIIᵉ siècle, remanié au XVIᵉ siècle, il fut le berceau des seigneurs d'Etxauz (prononcer Etchaous), vicomtes de Baïgorry, qui régnèrent sur la vallée durant cinq siècles. Parmi ceux-ci, Antonin se rendit célèbre en conduisant la révolte des Catholiques basques contre Jeanne d'Albret. Son fils Bertrand, évêque de Bayonne, puis nommé archevêque de Tours par Louis XIII, se vit refuser le titre de « cardinal » par Richelieu. Il participa à une réécriture des Fors de Navarre.

Mais la figure la plus célèbre de Baïgorry est bien celle du Républicain Jean-Isidore Harispe (1768-1855). Fils de négociant, il épousa la dernière descendante des Etxauz.

Sous la Révolution, en 1793, le volontaire Harispe défendit les frontières des Aldudes lors de la guerre franco-espagnole. Il suivit la campagne d'Italie et les guerres de l'Empire, et obtint l'autorisation de créer un régiment d'infanterie légère, les Chasseurs basques. Seul à se faire comprendre, en basque, de ses fidèles, il les conduisit souvent à la victoire. Blessé à la jambe à Iéna, il fut nommé général en 1807, fit la campagne de Pologne, puis celle d'Espagne où il se distingua notamment à Maria en 1809 où avec 10 000 hommes, il en battit 30 000 ! Devenu député et pair de France sous la Restauration, il fut fait maréchal de France sous le second Empire, en 1851. Le maréchal Harispe est enterré dans le cimetière de Baïgorry. Son nom est inscrit sur le côté ouest de l'Arc de Triomphe à Paris.

GÉNÉRAL HARISPE / D.R.

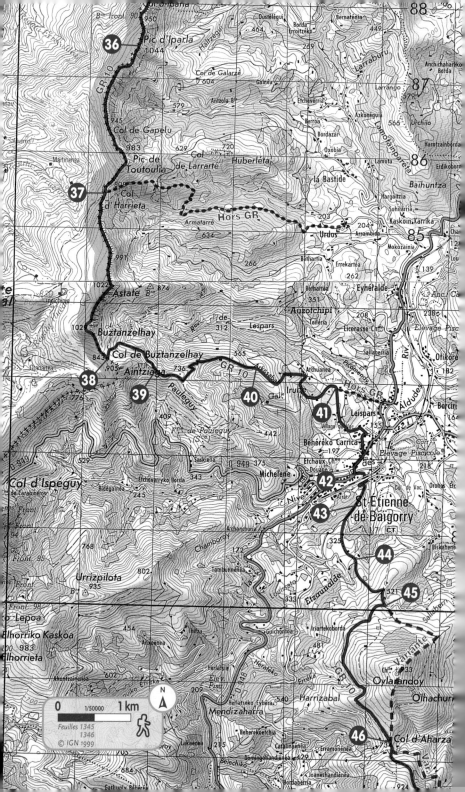

> Par mauvais temps, il est possible de quitter les crêtes d'Iparla en descendant à Urdos.

Hors GR® > pour Urdos `1 h 30` | ▦✕☕ (à 4,5 km)

Du col d'Harrieta, descendre vers l'est par le sentier qui s'abaisse à flanc et atteint une borde. Poursuivre (est) par la piste qui plonge en lacets et mène au hameau d'Urdos (200 m), situé à 4 km au nord de Saint-Étienne-de-Baïgorry.

Du col d'Harrieta au col de Buztanzelhay `1 h 30` ▤

37 Du col d'Harrieta, poursuivre au sud et atteindre l'entrée du bois (source d'Harrieta à 300 m par le chemin horizontal à droite). Monter sur la crête dans la forêt, puis grimper le long du haut de la falaise pour atteindre l'Astaté (1 022 m). Continuer sur la crête qui redescend à un petit col (957 m) puis remonte au pic de Buztanzelhay (1 029 m). Du sommet, descendre le long de la crête sud-ouest (cairns) sur 100 m, puis virer au sud-est avant de plonger par une sente raide qui croise des rides de stratification et atteint le col de Buztanzelhay (843 m).

Du col de Buztanzelhay à Saint-Étienne-de-Baïgorry `2 h 20` ▤

38 Au col de Buztanzelhay, descendre dans le vallon à gauche (nord-est) par le sentier passant au-dessus d'une barre rocheuse et contournant par la gauche un gros arbre *(source aléatoire)*. Il monte et descend plusieurs fois à flanc, puis atteint la crête, à l'est du pic d'Aintziaga, à 750 m..

39 Descendre, à droite du fil de la crête, jusqu'à un col (700 m) près de Pauleguy. Poursuivre par la route qui descend, passe sur le flanc sud d'un piton et arrive à un col.

40 Laisser la route à gauche et suivre le chemin de crête d'Arkazabal. Abandonner la croupe au niveau d'un buisson pour prendre à gauche le chemin dévalant au nord-est. À la bifurcation (chênes), virer à droite pour descendre (est) un chemin bordé de clôtures et de haies. Au lieu-dit Irube (Atchuanea), emprunter la route à droite (sud) sur 200 m, descendre à gauche sur 100 m le long du bois, passer la barrière canadienne et continuer par la route jusqu'à un large virage à droite.

> À la sortie de ce virage, possibilité de gagner le gîte de Leispars 🏠 (15 min) par le large chemin à gauche (est).

41 Continuer par la route, passer le J.V.F. puis la gendarmerie et virer à droite pour entrer dans Saint-Étienne-de-Baïgorry (162 m).

Borne frontière / photo P. Bellanger

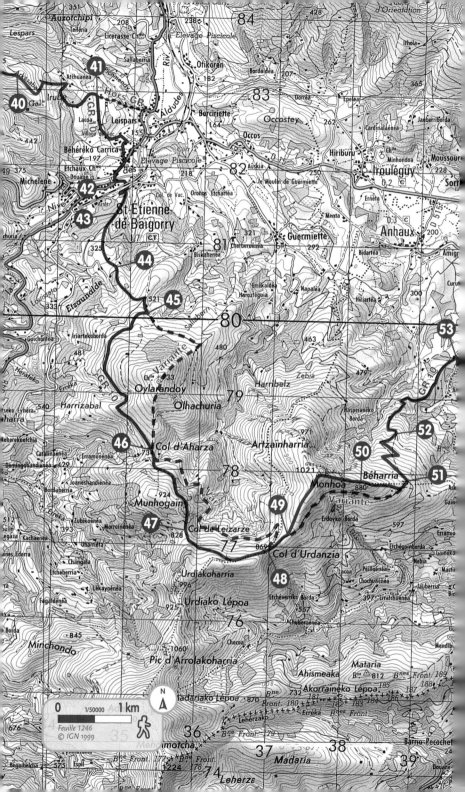

De Saint-Étienne-de-Baïgorry au carrefour de l'Oylarandoy | 1 h 🚂

À Saint-Étienne-de-Baïgorry > 🏨🏤🛏🏕🚐🍴🍷ℹ️🚗🐎

👁 > Gros bourg de Basse Navarre dans un cirque de montagnes enserrant la vallée de la Nive des Aldudes ; terroir du vignoble Irouléguy ; château d'Etchaux, Vieux Pont, église..

De la place du fronton, avancer vers le pont Romain jusqu'au monument aux morts. Tourner à gauche pour franchir le pont sur la Nive.

42 Au croisement, ne pas continuer vers le centre de Saint-Étienne-de-Baïgorry, mais s'engager dans la ruelle à gauche. Passer sous l'ancienne voie ferrée, tourner à droite et monter par la route. Dans le deuxième virage, bifurquer à droite sur la chaussée goudronnée qui s'élève en lisière du bois.

43 À l'embranchement (maisonnette à droite), poursuivre sur 300 m dans la même direction. Déboucher au pied d'un dôme recouvert d'herbe et de fougères. Négliger un chemin horizontal et une sente à gauche (est) pour, 10 m plus loin, monter à gauche le long d'une clôture. Laisser une bergerie à droite et emprunter le chemin horizontal entre deux haies. Au carrefour, filer tout droit pour passer près d'une bergerie à gauche.

44 Au croisement, virer à droite (sud) pour gravir tout droit le raide chemin en laissant deux chemins à gauche. Sortir du petit bois, monter au sud-est puis à l'est sur la piste et déboucher sur l'ancienne piste du col d'Aharza. Prendre la route pastorale à droite et parvenir au carrefour de l'Oylarandoy (551 m).

> Par beau temps, possibilité de réaliser l'ascension de l'Oylarandoy (993 m) par sa raide crête nord [👁 > chapelle ; vues sur le bassin de Baïgorry et les murailles d'Iparla]. La descente au sud, assez raide, permet de gagner directement le col d'Aharza.

Du carrefour de l'Oylarandoy au col d'Aharza | 40 min 🚂

45 Au carrefour de l'Oylarandoy, prendre la route à droite. Elle contourne l'Oylarandoy et conduit au col d'Aharza (734 m ; *parc et baignoire à brebis*).

Du col d'Aharza au col d'Urdanzia | 1 h 🚂

46 Au col d'Aharza, emprunter la route du col d'Urdanzia sur 100 m et atteindre un embranchement.

> Par mauvais temps, poursuivre par la route jusqu'au col d'Urdanzia.

Monter à droite. Laisser la bergerie à droite et continuer par la route. Elle s'élève au sud-est. À l'orée du bois, quitter la route, descendre à gauche (sud) et longer par la gauche la murette du pré du col de Leizarze (828 m).

47 Remonter sans changer de flanc, passer à gauche d'un poste de chasse et s'infléchir vers l'est. Après la croix, négliger le sentier principal pour la sente à droite. Elle traverse une zone humide et s'élève à droite. Emprunter la route dominée par une bergerie vers l'est en gardant la crête à droite et descendre au col d'Urdanzia (869 m ; croix de fer).

Du col d'Urdanzia au carrefour des Trois-Abreuvoirs | 1 h 15 🚂

48 Au col d'Urdanzia, emprunter la route (nord-est) sur 500 m et atteindre un embranchement, avant que la route ne change de versant.

LES PÈLERINS DE SAINT-JACQUES À TRAVERS LE ROYAUME DE NAVARRE

Des chemins de Saint-Jacques, il y en avait partout dans la région, et il n'est pas de vallée pyrénéenne où quelque pèlerin n'ait cherché son « port ». Mais, au XIIᵉ siècle, le Guide du Pèlerin d'Aimery Picaud privilégie quatre grandes voies, riches en sanctuaires et en hôpitaux, et drainant de véritables foules. Nous croiserons l'une d'elles en Béarn. Les trois autres convergeaient en Navarre : celles de Paris, de Vézelay et du Puy. Elles faisaient leur jonction vers Ostabat et n'y avait plus ensuite, de Saint-Jean à Roncevaux, qu'un seul « Chemin » dont le GR® 65, que nous croisons, est l'héritier. Pourquoi le Béarn, et pourquoi la Navarre ? Parce que c'étaient les plus courts chemins ; mais aussi parce que l'un et l'autre constituaient dans ces périodes troublées des états solides, policés, où une certaine sécurité était assurée, en dépit de quelques exactions.

L.L.B

SAINT-JEAN-PIED-DE-PORT, PORTE DE NAVARRE

Saint-Jean-Pied-de-Port (c.-à-d. « au pied du col ») n'existait pas lors des premiers pèlerinages qui menaient vers Roncevaux, à l'est, par la voie romaine de Saint-Michel. Au XIIIᵉ siècle, la cité nouvelle se développa en ville-étape et citadelle royale. De Saint-Palais à Estella, la Navarre formait un seul royaume, à cheval sur les Pyrénées. Son premier roi, à Pampelune avant l'an mille, était fils de Vascons. Par mariage, en 1234, la couronne passa à un gendre français, Thibaut de Champagne (ou Teobaldo). Durant quatre siècles, les rois de Navarre furent alors français, sans nuire à l'indépendance du royaume. Leurs fréquentes absences favorisèrent plutôt les libertés locales. Au XVᵉ siècle, Éléonor de Navarre, dernière héritière, épousa Gaston de Foix-Béarn. Ferdinand, roi d'Aragon arracha en 1512, le plus gros de la Navarre à Catherine d'Albret, à qui ne restèrent que trois cantons au nord des Pyrénées, et le titre un peu dérisoire des « Reine et Roi de Navarre » dont cependant Henri IV saura bien se servir… Autour de la ville, restes de remparts. Tout en bas, le Pont d'Espagne, rebâti en 1634 et Notre-Dame-du-Bout-du-Pont, base romane et portail gothique. Tout en haut, la citadelle dite de Vauban, bastionnée aux quatre angles. Entre les deux, et entre deux portes fortifiées, dégringole la rue de la Citadelle, bordée de maisons anciennes, dont les Gîtes de Pèlerins et la « prison des évêques », du temps où l'évêché de Bayonne était divisé par le schisme avignonnais.

L.L.B

SAINT-JEAN-PIED-DE-PORT / PHOTO OT G. DUBASQUE

SAINT-JEAN-PIED-DE-PORT / PHOTO P. BELLANGER

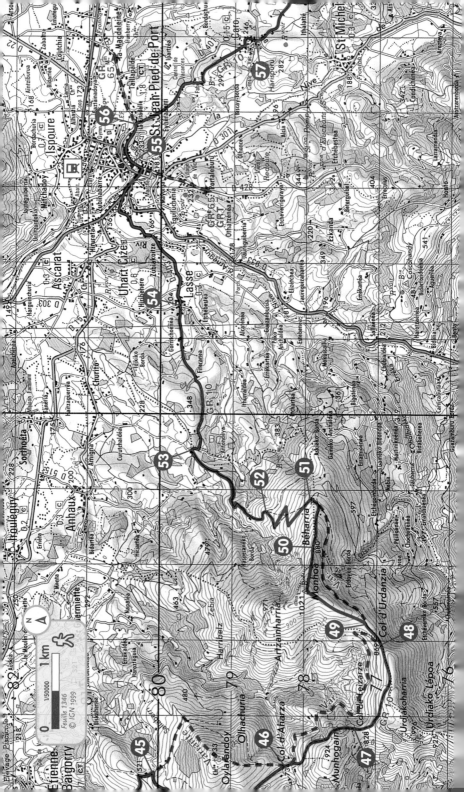

> Par temps douteux ou brouillard, il est préférable de continuer par la route qui évite le sommet du Monhoa *(voir tracé en tirets).*

49 Monter à gauche (nord-est) par la sente jalonnée qui reste à gauche de la crête, puis la rattrape avant d'atteindre le sommet du Monhoa (1 021 m, antenne ; *vue très étendue par temps clair*). Descendre par l'arête est en laissant à gauche des abrupts et un barbelé.

50 Longer une route sur 250 m, puis passer au chaos rocheux de Béharria (880 m) et poursuivre vers l'est. Croiser une route et parvenir au carrefour des Trois-Abreuvoirs (750 m).

Du carrefour des Trois-Abreuvoirs à Lasse   1 h 45

51 Au carrefour des Trois-Abreuvoirs, suivre à gauche un bon chemin d'exploitation empierré qui descend en lacets (raccourcis possibles) vers un bosquet de chênes (570 m).

52 Poursuivre sur ce chemin et après un lacet à gauche (420 m, quelques arbres), obliquer à droite le long d'une clôture et rejoindre une petite route goudronnée ; l'emprunter à gauche.

53 Au carrefour, prendre à droite sur 100 m, puis à gauche (est - sud-est). Le chemin longe le flanc de la colline et une ferme. Au carrefour en T, obliquez à gauche, puis tout de suite à droite pour arriver à l'église de Lasse, puis au fronton (204 m).

De Lasse à Saint-Jean-Pied-de-Port   45 min ═

À Lasse > ☕

54 En partant du fronton de Lasse, se diriger vers Saint-Jean-Pied-de-Port (est) par la D 403. Après 1 km, franchir le pont sur la Nive d'Arnéguy et tourner à gauche pour gagner l'église d'Huart-Cize. Descendre vers la D 918 et se diriger à droite vers le centre de Saint-Jean-Pied-de-Port. Au rond-point, continuer tout droit dans une rue commerçante (rue d'Huart), puis tourner à gauche rue d'Espagne. Franchir le pont sur la Nive et parvenir à l'église (170 m).

> Le GR® 10 croise ici le GR® 65 (Sentier vers Saint-Jacques-de-Compostelle) qui emprunte la route Napoléon au sud de Saint-Jean-Pied-de-Port.

CHÊNE / DESSIN N. LOCOSTE

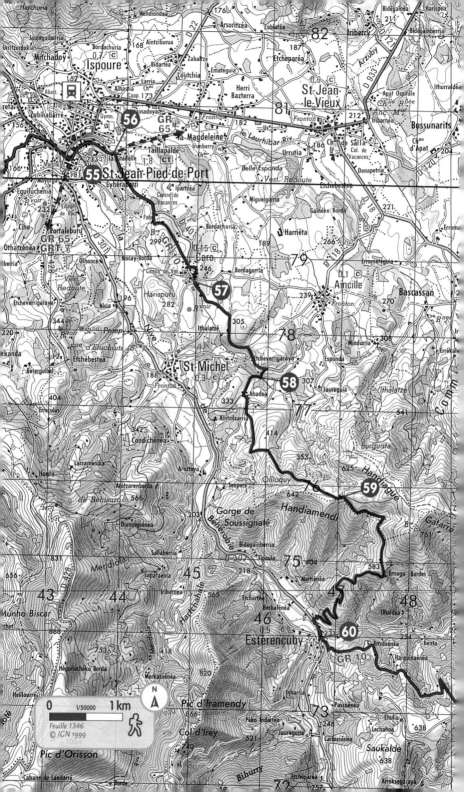

De Saint-Jean-Pied-de-Port à Çaro

50 min 🚶

À Saint-Jean-Pied-de-Port > 🏨 📷 🛏️ ⛺ 🛒 🍴 ☕ ℹ️ 🚌 🚉 🔁

👁️ > Ancienne capitale de la Basse-Navarre et pittoresque place-forte située sur les deux rives de la Nive, au pied d'une colline que couronne la citadelle ; murailles XVe siècle et enceinte XVIIe siècle, maisons anciennes, vieux pont, église XVIIIe siècle ; patrie de Charles Floquet ; spectacle son et lumières les soirs d'été.

55 Devant l'église de Saint-Jean-Pied-de-Port, tourner le dos au pont sur la Nive et à la rue d'Espagne, pour monter par la rue de la Citadelle [👁️ > bordée de maisons XVIIe et XVIIIe]. Après la porte Saint-Jacques, suivre le chemin du même nom, qui s'infléchit vers l'est. Laisser la route montant à droite, continuer pour arriver au carrefour avec la D 401.

> Le GR® 65, commun au GR® T7, part à gauche (est) sur la petite route.

56 Continuer par la D 401 vers Çaro. À la maison Ene Naia, se diriger à droite vers l'entrée d'une propriété, puis, devant le portail, obliquer à gauche (sud). Tout de suite après, virer à gauche (nord-est) sur un chemin revêtu qui descend vers la D 401 *(point d'eau)*. À l'entrée de Çaro, descendre à gauche pour contourner l'église par l'est et atteindre un carrefour (250 m).

De Çaro au col d'Handiague

2 h 🚶

👁️ > Au Moyen Âge, Çaro dépendait du prieuré de Roncevaux. Fronton de pelote basque, cimetière avec tombes navarraises XVIIe-XVIIIe, croix de pierre XVIIe au Christ curieusement naïf ; dans l'église reconstruite, retable et galerie XVIIIe.

57 À la sortie de Çaro, continuer en face par la petite route (sud-est) sur 1 km. Au carrefour, au pied du dôme herbeux, partir à droite pour contourner le monticule par l'ouest. Au sud de celui-ci, quitter la petite route au niveau d'une barrière et prendre à droite un chemin en descente dans la forêt. Longer un ruisseau et finalement le traverser.

58 Tourner à droite dans une montée raide. Après un virage à gauche, atteindre la ferme Ahadoa (278 m). Utiliser sa piste d'accès (sud), couper la route et continuer par le chemin (sud). Monter par la sente à gauche. Elle longe un champ et mène à un col. Poursuivre à droite par le chemin qui traverse le flanc nord de la crête d'Handiamendi. Après un échalier, puis une ruine, le chemin herbeux continue en contrebas de la crête (est-sud-est). Contourner par la droite (deux échaliers) la prairie qui occupe le col d'Handiague (587 m).

Du col d'Handiague à Estérençuby

1 h 05 🚶

59 Au col d'Handiague, emprunter à droite (sud-est) le chemin carrossable. Il longe une borde, traverse un vallon où coulent deux ruisselets, franchit une croupe herbeuse (583 m) aux bordes Ernaga, vire à droite et descend en lacets le long d'un éperon. Emprunter la D 301 à gauche pour arriver dans Estérençuby (231 m).

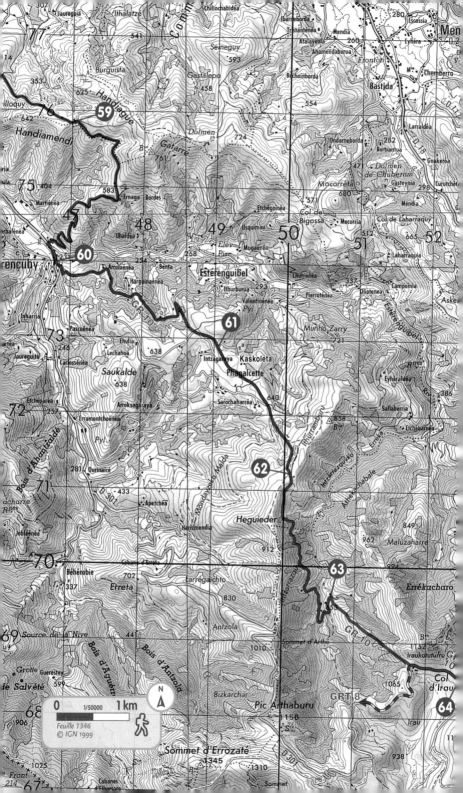

D' Estérençuby à l'entrée de Kaskoleta

1 h 15

À Estérençuby >

> Le village est situé au creux d'une gorge au confluent de la Nive de Béhérobie et de l'Estérenguibel et dominé par le pic d'Iramendy ; église avec galerie du XVIIIe siècle de type basque.

30 De la mairie d'Estérençuby, gravir le raidillon qui mène à l'église. La contourner à main gauche en longeant le cimetière et monter par une petite route en lacets (direction générale est - sud-est). Négliger à gauche l'accès de la ferme Harguinania, puis à droite la route de Phagalcette et poursuivre en face par la même petite route jusqu'à un embranchement. Virer alors à droite (sud-est) pour monter par un sentier raide et étroit vers la crête. Déboucher sur une route qui mène rapidement à un col (585 m) où aboutit la route de Phagalcette (590 m). Emprunter celle-ci en face sur 40 m, puis la route de gauche. Parvenir à un col (615 m).

De l'entrée de Kaskoleta au col sur la croupe d'Ithurramburu

45 min

À Kaskoleta >

31 Continuer par la petite route (sud - sud-est). Aux croisements, garder la même direction, puis emprunter à gauche un raccourci qui monte en coupant deux lacets de la route. De retour sur la route, dans un lacet à gauche, poursuivre tout droit (sud-ouest) et tourner à gauche pour aboutir au col sur la croupe d'Ithurramburu (820 m, cabane avec un vaste enclos de pierres).

Du col sur la croupe d'Ithurramburu au col d'Irau

2 h 30

32 Au col, laisser la route de crête à droite, franchir la croupe et descendre à flanc (sud) par la piste pastorale. Après un pont busé (683 m), longer la rive droite du torrent jusqu'à un grand hêtre et une bergerie en ruines.

33 S'engager sur le sentier à droite (marches en bois). Il gravit un éperon montagneux. À 800 m d'altitude, il laisse à gauche la crête et les arbres pour entrer dans une entaille rocheuse, puis traverse la forêt en grimpant à travers les poudingues, sur le flanc sud-ouest de la montagne. Déboucher dans la prairie et monter au col (1 028 m) situé au sud-ouest du pic d'Iraukotuturru.

> Départ du GR® T8, à droite.

Emprunter la D 301 à gauche pour gagner le col d'Irau (1 008 m).

MONTÉE AU COL D'IRAU / PHOTO P. BELLANGER

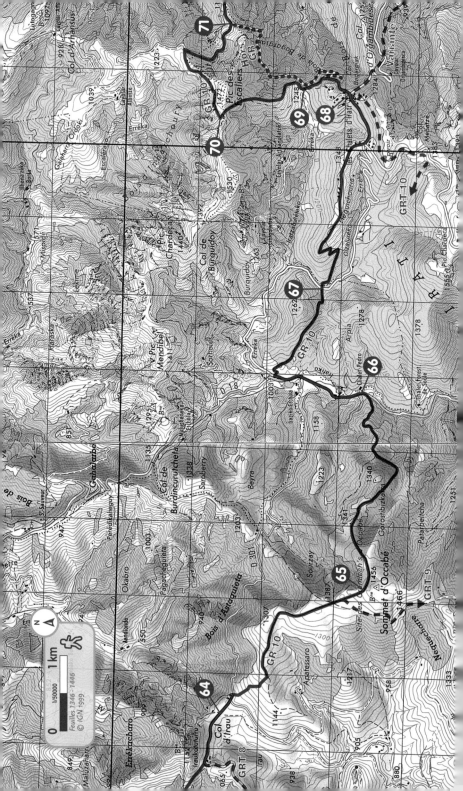

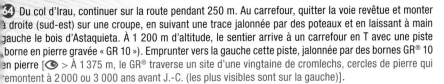

Du col d'Irau au chalet Pedro 2 h 25

64 Du col d'Irau, continuer sur la route pendant 250 m. Au carrefour, quitter la voie revêtue et monter à droite (sud-est) sur une croupe, en suivant une trace jalonnée par des poteaux et en laissant à main gauche le bois d'Astaquieta. À 1 200 m d'altitude, le sentier arrive à un carrefour en T avec une piste (borne en pierre gravée « GR 10 »). Emprunter vers la gauche cette piste, jalonnée par des bornes GR® 10 en pierre [> À 1 375 m, le GR® traverse un site d'une vingtaine de cromlechs, cercles de pierre qui remontent à 2 000 ou 3 000 ans avant J.-C. (les plus visibles sont sur la gauche)].

> Départ du GR® T9, à droite.

Poursuivre la montée (sud) en laissant à main droite les rochers du sommet d'Occabé.

65 La piste vire à gauche (est), descend d'abord à découvert, puis serpente dans la hêtraie et descend dans la vallée. Emprunter la petite route à gauche (nord) jusqu'au chalet Pedro (1 000 m).

Du chalet Pedro au col Bagargiak 2 h 15

Au chalet Pedro > 🏠 ✕

66 Au chalet Pedro, continuer par la route (nord) jusqu'à un lac de retenue.

> Avant le lac, à droite, aire de bivouac et, à gauche, abri sommaire et sanitaires.

Continuer le long de la retenue, puis s'engager à droite sur la route vers le col Bagargiak sur 100 m. Bifurquer à droite et grimper par la piste qui s'élève dans la forêt d'Iraty. Elle franchit un petit col (1 190 m) et redescend à l'est.

67 Couper la route du col Bagargiak, utiliser la digue de la retenue, puis s'engager à droite (est) sur le chemin qui grimpe en lacets, parcourt la crête de l'Héguichouria (sud-est), vire à droite (sud) et descend au col Héguichouri (1 319 m). Emprunter la route à gauche (est) sur 700 m et arriver au col Bagargiak (1 327 m), près des chalets d'Iraty.

> Départ du GR® T10, à droite.
> Départ de la variante (pas de balisage) de Larrau (ancien tracé du GR® 10) à utiliser en cas de mauvais temps et qui permet en outre de faire étape à Larrau (voir page 65).

Du col Bagargiak (ou Bagargui) à la crête Ugatzé 2 h

Au col Bagargiak > 🏠 ⛺ 🛒 ✕ ☕

> La route forestière reliant le col Bagargiak à Ahusquy permet d'éviter le parcours de crête qui suit et de retrouver le GR® 10 sur la crête d'Ugatzé en 50 min *(voir tracé en tirets sur la carte)*.

68 En contrebas du restaurant du col Bagargiak, prendre la route forestière en direction d'Ahusquy. Dans le premier lacet de la route à droite, bifurquer à gauche sur la piste empierrée. Elle conduit au col d'Iratzabaleta (1 248 m).

69 Monter à droite (nord-est) par la sente de crête. Après une partie horizontale (1 390 m), elle vire à gauche et s'élève à flanc pour contourner par l'ouest le pic des Escaliers. Franchir la crête à 1 423 m d'altitude.

70 Descendre (nord-est) par le chemin des Escaliers, puis dévaler l'éperon. Suivre la route à droite jusqu'à la crête Ugatzé (1 170 m).

> Voir suite de la description du GR® 10 page 67.

Du col Bagargiak à Logibar par Larrau

> Cet itinéraire non balisé, utilisable en cas de mauvais temps, est plus court que le parcours Bagargiak – Logibar par les crêtes. D'une longueur totale de 10,8 km, dont 6,6 km de route, il permet d'assurer l'hébergement et le ravitaillement à Larrau.

Du col Bagargiak aux forges de Larrau   1 h 50

1 Au col, prendre la route en direction de Larrau et atteindre le col d'Orgambidesca (1 284 m). Continuer tout droit par la piste qui permet d'éviter les lacets de la route, puis redescendre par la route sur 700 m.

2 Monter par la piste à gauche : elle franchit un petit col, s'encaisse et descend dans la vallée, aux forges de Larrau (506 m).

Des forges de Larrau à Larrau   1 h

3 Tourner à gauche et rester sur la D 19 jusqu'à Larrau (> ancien passage impraticable).

De Larrau à Logibar   45 min

À Larrau > 🏢 ⛺ 🛒 ✕ ☕

À Logibar > 🖼 🏢 🛏 ✕ ☕

4 À Larrau, emprunter la D 26 (⚠ **> prudence**) en direction de Mauléon jusqu'à l'auberge de Logibar (**5**).

> Jonction avec le GR® 10.

👁 **> La forêt d'Iraty**

Cette forêt comprend 2 300 hectares en France et quelque 15 000 hectares en Espagne. Elle est située sur le territoire des communes de Mendive, Lecumberry et Larrau. Dans sa partie souletine (Larrau), elle est gérée par la Commission syndicale de Soule dont la vocation est de gérer les terres communes, landes, pâturages et forêts. Trois autres syndicats existent toujours en Pays Basque, ceux de Cize, de Baïgorry et de Mixe. Les syndicats disposent de fonds propres tels que la taxe de pacage, la vente de bois, la location des cols pour la chasse à la palombe. Il ne faut pas confondre ces commissions syndicales, de création très ancienne, avec les récents SIVOM, syndicats intercommunaux à vocation multiple, nombreux également dans le département.

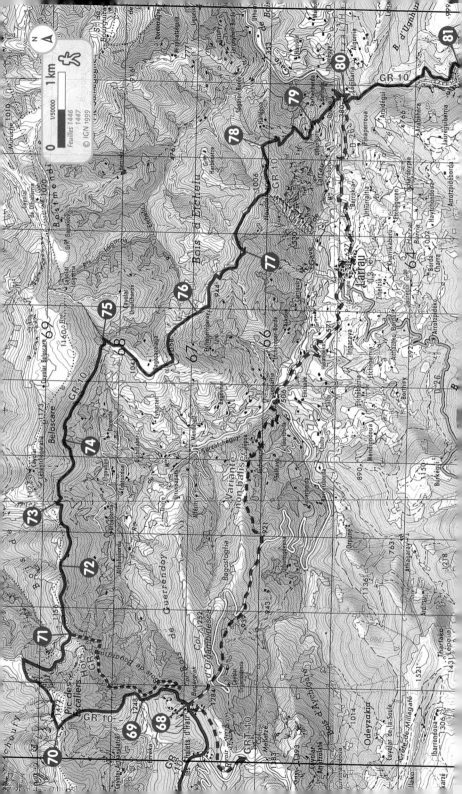

De la crête Ugatzé au cayolar Mendikotziague
40 min

71 À la crête Ugatzé, abandonner la route qui tourne à droite et suivre la crête à gauche (est). Franchir le col Ugatzé (1 140 m), puis emprunter (est) la sente qui passe en contrebas des postes de chasse, retrouve le flanc sud et continue vers l'est.

⚠ **> Passer ou stationner devant les postes de tir pendant la période de chasse à la palombe (octobre ou novembre), peut présenter certains dangers pour les randonneurs.**

72 S'avancer vers un deuxième col (1 070 m) et descendre à droite vers l'abreuvoir à proximité d'une cabane de chasse. S'engager sur la sente à flanc qui commence près d'un vieux chalet caché par un arbre (sud-est, puis nord-est). Atteindre un nouveau col (1 015 m). Suivre à droite la piste et rejoindre le cayolar de Mendikotziague (980 m).

Du cayolar Mendikotziague au col 1 017
1 h 05

73 Au cayolar Mendikotziague, descendre (sud) vers un abreuvoir. Suivre à flanc et à niveau des sentes plus ou moins marquées et tortueuses en terrain calcaire, direction générale sud-est, puis nord-est.

74 Monter à gauche par la sente en pente douce. Franchir un passage rocheux (975 m ; palombière) et continuer par le sentier qui traverse le flanc sud de la crête de Beloscare. Remonter par le large chemin sur 100 m avant de gagner le col (1 017 m).

Du col 1 017 au col 905
45 min

75 Au col 1 017, emprunter le chemin de crête à droite (sud-ouest). Il vire à droite, contourne une clôture et descend (⚠ **> passage boueux**). Franchir un petit éperon pour redescendre la crête (sud-est) jusqu'au col (905 m).

Du col 905 à Logibar
2 h 10

76 Du col 905, contourner deux mamelons par la droite de la crête. À un col (927 m), poursuivre la montée au sud-est, virer à droite pour franchir un éperon vers 970 m d'altitude et continuer à l'horizontale vers un pré enclos par une murette et des arbres. Contourner cet enclos par le sud et l'est.

77 Passer au-dessus de la grange (974 m) et poursuivre au nord-est et à l'est (abreuvoir et point d'eau à 120 m après la grange). Le chemin rejoint la crête, la suit sur quelques centaines de mètres à l'horizontale et s'abaisse vers le nord-est, très nettement à droite de l'arête.

78 À proximité de la tour métallique de chasse à la palombe (925 m), bifurquer à droite (sud) et descendre par un sentier en lacets parfois raide.

79 À 560 m d'altitude, obliquer à droite. Passer une barrière et descendre sur la petite route visible en contrebas. Emprunter cette route vers la droite sur 30 m et bifurquer à gauche dans un chemin de traverse. Un peu plus bas, rejoindre à nouveau la route (échalier) et l'emprunter à gauche. Cette route décrit un lacet et arrive juste en face de l'auberge Logibar (375 m).

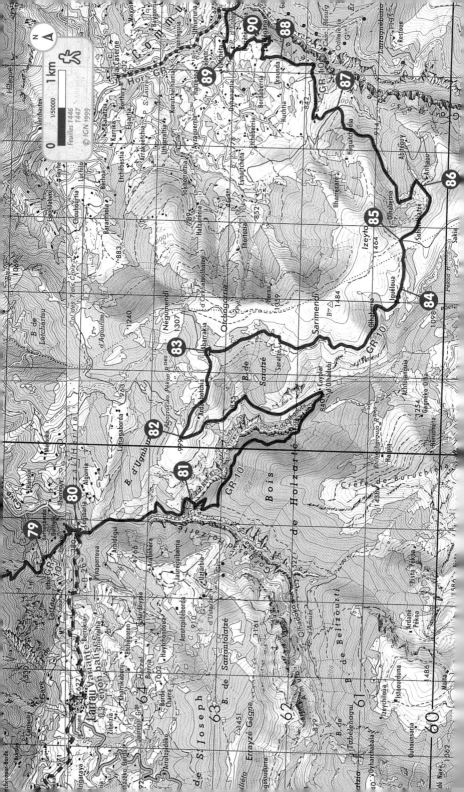

De Logibar à la passerelle d'Holzarté

À Logibar > 🖼 🏠 🛏 ✕ 🍷

⚠ **> La prudence est recommandée sur cette étape pendant la période de chasse à la palombe (octobre - novembre). Rester silencieux et ne pas stationner sous les palombières.**

80 Face à l'auberge de Logibar, remonter la D 26 à droite (ouest) sur 100 m et, juste après le pont, tourner à gauche vers le parking indiqué. Franchir le pont de la Mouline à proximité d'une petite centrale et virer aussitôt à droite pour remonter le long de la rive droite du torrent d'Holzarté. Peu à peu, le chemin se redresse et devient empierré *(des mains courantes ont été installées dans les passages glissants par temps humide)*. Le chemin arrive sur un terrain plat dans un bois qu'il traverse [👁 > Au sortir du bois, vue panoramique, avec à droite le canyon d'Holzarté et à gauche le fameux pont suspendu, au-dessus des gorges d'Olhadubi]. Gagner la passerelle (580 m).

De la passerelle d'Holzarté au plateau d'Ardakhotchia

2 h 05

81 Franchir la passerelle [👁 > Une vue unique et impressionnante sur le canyon qu'elle surplombe de 150 m.] Continuer sur le chemin qui monte en serpentant dans la forêt d'Holzarté, pour arriver à une bifurcation importante. Obliquer à gauche vers Olhadubi et continuer à travers bois sur une large piste quasiment horizontale qui croise plusieurs petits cours d'eau et conduit au pont d'Olhadubi (ou Olhadibi selon les cartes). Franchir le ruisseau et se diriger vers la gauche (nord-ouest) direction Ardakhotchia/Logibar. Le sentier remonte (nord) en dominant les gorges du ruisseau d'Olhadubi et entre dans le bois de Saratzé. Franchir un ruisseau et, 100 m plus loin, un ruisselet. À la sortie du bois (cote 855), le sentier se subdivise. Rester sur la branche de droite qui s'élève doucement d'abord, puis plus nettement. Rejoindre un arbre isolé et atteindre un col, le plateau d'Ardakhotchia (980 m).

Du plateau d'Ardakhotchia au cayolar d'Abarrakia

35 min

82 Sur le plateau d'Ardakhotchia, grimper à droite (sud-est) en suivant les jalons le long d'une croupe herbeuse, puis rocheuse. Le sentier coupe une piste, frôle un lacet et oblique un peu à gauche (nord-est) pour atteindre, sans emprunter la piste, le cayolar d'Abarrakia (980 m).

Du cayolar d'Abarrakia au col d'Anhaou

1 h 20

83 Au cayolar, suivre la piste à droite (sud). Elle serpente en dominant le bois de Saratzé. Poursuivre sur 2 km. Laisser à droite le cayolar d'Olhaberria (1 230 m) et, plus loin, celui d'Iguéloua (1 230 m). Continuer sur 200 m.

84 Avant le pont, quitter la route et obliquer à gauche (est) sur une sente qui remonte la rive droite d'un vallon herbeux. Rejoindre la lisière d'une hêtraie et monter jusqu'à la crête séparant les communes de Larrau et de Sainte-Engrâce, au col d'Anhaou (1 383 m).

Du col d'Anhaou au cayolar d'Anhaou

20 min

85 Au col d'Anhaou, s'engager en face (sud-est) sur la petite route qui conduit au cayolar d'Anhaou (1 280 m ; *point d'eau*).

ÉGLISE DE SAINTE-ENGRÂCE / PHOTO CDT 64

PATRIMOINE
L'ÉGLISE DE SAINTE-ENGRÂCE

Après avoir grimpé les versants de la Haute Soule et surplombé ses canyons vertigineux, on n'est pas peu surpris d'apercevoir une bâtisse austère et rustique dans le fond d'une vallée étroite encerclée par la barrière d'un cirque glaciaire que couronnent forêts et pâturages : c'est l'église de Sainte-Engrâce.

Son étonnante architecture asymétrique appuyée par des contreforts épais ne laisse pas espérer les richesses ornementales que l'on découvre en pénétrant dans cette ancienne collégiale du lointain Moyen Âge.

La collection de chapiteaux qui ornent l'intérieur de cet édifice ne peut s'expliquer que par la prospérité du monastère qui s'implanta ici dès le XIIe siècle et dont témoigne ce chef-d'œuvre de la sculpture médiévale pyrénéenne. La diversité des motifs alliée à la finesse de l'exécution révèlent un élan imaginatif en avance par rapport aux débuts de la statuaire romane. On y trouve des jongleurs, des musiciens, des danseurs en costumes gais et pittoresques donnant l'aubade aux cavaliers qui escortent la reine de Saba.

Cette église dut attendre le milieu du XIX siècle pour se voir classée monument historique et sa restauration débuta en 1860 à la suite du rapport alarmant que Prosper Mérimée fit après son passage. Les contreforts datent de cette époque.

Sainte-Engrâce marquait une étape vers Compostelle mais déjà au XIIe siècle l'on signale que dans ces montagnes, les chrétiens subissaient les attaques des Basques et des Navarrais impies.

ENVIRONNEMENT

LES CANYONS DE LA SOULE

Hunki jin Xiberoan, « Bienvenue en Soule »…

La Haute Soule est le pays des canyons et des hauts pâturages. Une géographie karstique qui creuse de ses failles impressionnantes la montagne calcaire, témoins extérieurs des réseaux hydrographiques complexes du souterrain. Ils sont nombreux, ils ne sont pas tous abordables… La descente de certains de ces canyons sauvages se fait avec un guide. Parmi d'autres canyons basques, les sites de Sainte-Engrâce et de Logibar sont au cœur de ces entailles qui semblent creusées par quelque géant. Derrière Sainte-Engrâce, les parois étroites du ravin d'Ehujarre, presque à sec, sont facilement accessibles depuis l'église. Elles s'élèvent par endroits sur près de 400 m, vers une crête souvent ensoleillée.

Les gorges d'Holzarté se traversent par une impressionnante passerelle qui les surplombe de 150 m de hauteur, au-dessus de parois lisses pouvant atteindre 300 m. Ces crevasses s'enfoncent au confluent des gorges d'Holzarté et d'Olhadubi, elles-mêmes longues de 4,5 km. Un spectacle saisissant !

En descendant la vallée de Sainte-Engrâce, le parcours du canyon de Kakouetta fait l'objet d'une entrée payante, de Pâques à la Toussaint. Un câble, le long de la paroi, mène à des passerelles, une cascade et une grotte. Déjà en 1908, le savant Édouard-Alfred Martel (1859-1938), père de la spéléologie, classait les gorges de Kakouetta qu'il venait d'explorer avec celles d'Holzarté et d'Olhadubi, comme les « gorges les plus étonnantes d'Europe ».

À partir de Sainte-Engrâce, il est possible de visiter la salle de la Verna, un site géologique aux dimensions exceptionnelles. Ouvert de mi-avril à mi-novembre. Accès en navette ou à pied. Réservation au 06 37 88 29 05.

LE CANYON DES GORGES DE KAKOUETTA /
PHOTO CDT64

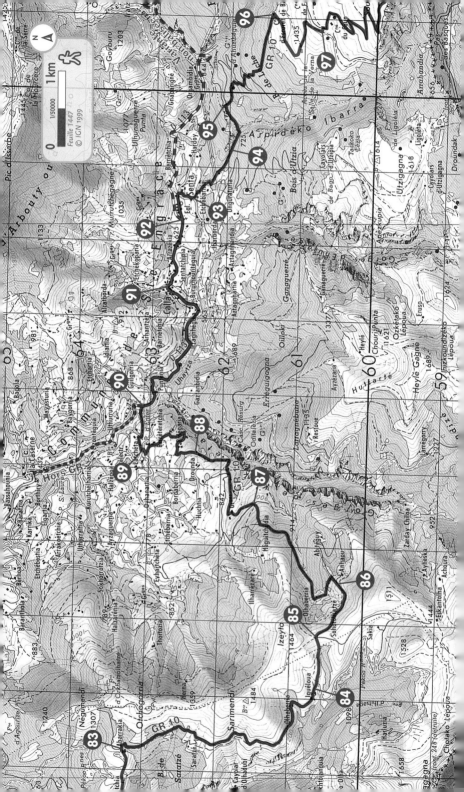

Du cayolar d'Anhaou à une route (909 m)   55 min

86 Au cayolar d'Anhaou, couper un lacet de la piste en empruntant l'ancien chemin à gauche. Suivre à gauche la petite route en contrebas *(point d'eau dans le premier virage)* sur 2 km. Au premier lacet à droite, quitter la route pour emprunter des raccourcis en descente dans les pâturages et arriver à une piste (909 m).

De la piste (909 m) à la maison Chuta   45 min

87 Couper la piste et descendre à gauche dans un chemin creux et étroit. Traverser un ruisseau à gué et tourner à droite dans un large chemin. Après 200 m, basculer à droite et se diriger (est) vers le ravin de Kakouetta. Après la ferme Ezpéléta, obliquer à gauche (nord) dans un chemin creux et boueux (quelques barrières à refermer) et atteindre la maison Chuta (700 m).

De la maison Chuta au parking des gorges de Kakouetta   45 min

88 Passer entre deux maisons et descendre par la route sur 1,4 km. À l'intersection, tourner à droite, puis, 70 m après le lacet à gauche, atteindre un départ de sentier à droite.

89 Bifurquer à droite en bordure d'un pré dans un sentier qui descend vers le gave. Franchir le pont d'Enfer et remonter à droite pour aboutir au parking des gorges de Kakouetta (500 m).

Hors GR® > pour le quartier de la Caserne   2 km   30 min

Emprunter la D 113 à gauche.

Du parking des gorges de Kakouetta à Sainte-Engrâce (quartier Calla)   45 min

90 Au parking des gorges de Kakouetta, monter par la D 113 (⚠ > **prudence**) à droite et gagner en 2,5 km le quartier Calla (600 m).

Du Sainte-Engrâce (quartier Calla) à l'embranchement de la D 113   15 min

91 Traverser le quartier Calla et suivre la D 113 jusqu'à la bifurcation vers Arette - La Pierre-Saint-Martin (640 m).

> Départ à gauche de la variante pour La Pierre-Saint-Martin par la D 113 conseillée en cas de mauvais temps (voir pages suivantes).

MONTÉE VERS LE
COL DE LA PIERRE-
SAINT-MARTIN /
PHOTO P. BELLANGER

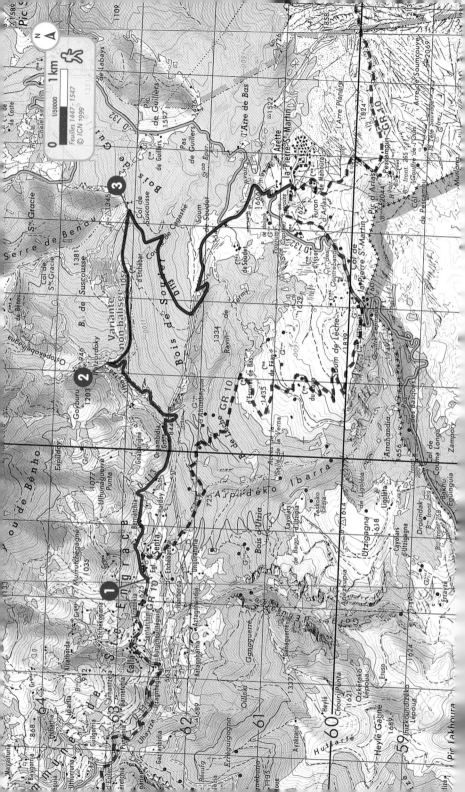

De **Sainte-Engrâce**
à **Arette - La Pierre-Saint-Martin**

> Cette variante (non balisée) par la D 113, est conseillée en cas de très mauvais temps. La pluie rend alors peu agréable la longue montée dans le bois de Lèche et, au-dessus, le brouillard risque d'être parfaitement traître. De plus, l'absence de visibilité rend parfaitement inutile le passage au col de la Pierre-Saint-Martin qui est plus élevé que la station.

De Sainte-Engrâce au col de Suscousse   2 h 30

À **Sainte-Engrâce (quartier Senta)** > ▣ ⛺ ✕ 🍺 **et hors GR®** > 🛒

❶ 200 m à l'ouest de l'église de Sainte-Engrâce, prendre la D 113 qui passe au-dessus du fronton et s'élève vers l'est, sur 4,5 km.

> Possibilité de rester sur la D 113 jusqu'au col de Suscousse.

❷ Après le virage en épingle (950 m), s'engager sur le chemin à droite. Il remonte le vallon (est) et parvient directement au col de Suscousse (1 210 m).

Du col de Suscousse à Arette - La Pierre-Saint-Martin   2 h 15

❸ Au col de Suscousse, continuer par la D 113 à droite jusqu'à la station d'Arette - La Pierre-Saint-Martin (1 650 m).

À **Arette - La Pierre-Saint-Martin** > ▣ 🛒✕ 🍺 (en saison ou au refuge) 🏨 (hiver) ℹ (vacances scolaires et saison ski)

BREBIS /
PHOTO C. DE FAVERI

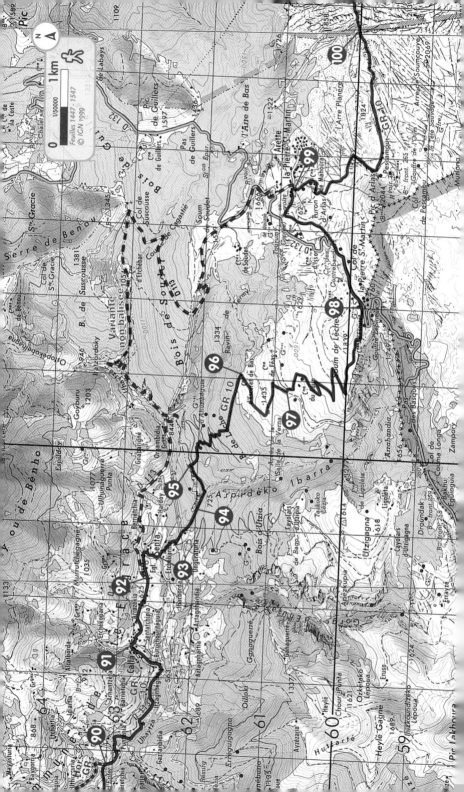

De l'embranchement de la D 113 (quartier Senta) au ravin d'Arpidia — 25 min 🚶

À Sainte-Engrâce (quartier Senta) > 🖼 🛌 ✕ ☕

92 Continuer tout droit en passant devant l'église de Sainte-Engrâce, quartier Senta [👁 > église romane, ancienne abbatiale du XIe siècle, ancienne étape sur la voie de Saint-Jacques, abrite une collection de chapiteaux historiés remarquables (voir p. 70)]. Franchir un pont et tourner à droite (sud).

93 Avant le virage, s'engager sur le chemin pierreux à gauche (sud-est), puis grimper par le sentier qui s'élève en lacets et bifurquer à gauche (sud-est). Passer sous la ligne électrique et arriver à la base du ravin d'Arpidia (725 m).

Du ravin d'Arpidia à la piste forestière — 40 min 🚶

👁 > Ce ravin, limite des communes de Sainte-Engrâce et d'Arette, était la frontière entre la province basque de Soule et le Béarn.

94 Suivre le fond du ravin d'Arpidia (sud-est) sur 600 m, puis abandonner le défilé pour le sentier à gauche (nord). Il s'élève dans le bois de Lèche (nord-est ; *source*) et débouche sur une piste forestière (875 m).

De la piste forestière à la cabane d'Escuret-de-Bas — 1 h 15 🚶

95 Monter par la piste forestière sur 50 m, puis utiliser à droite une piste devenant sentier qui aboutit à un curieux abreuvoir à huit compartiments avec la tête du « gardien » [👁 > œuvre en ciment signée d'un artisan barétounais]. Atteindre la lisière de la forêt et poursuivre au sud-est dans l'herbe jusqu'aux ruines de la cabane d'Escuret-de-Bas (1 325 m).

De la cabane d'Escuret-de-Bas au col de la Pierre-Saint-Martin — 1 h 45 🚶

96 À la cabane, obliquer à droite (sud-ouest) pour contourner un mamelon (1 435 m) par la droite. Faire le tour en restant de niveau et gagner des abreuvoirs. De là, monter dans le gazon (est – sud-est) vers une piste en terre évidente à flanc. À l'abreuvoir suivant, dans le lacet, tourner à droite (sud-ouest) pour atteindre un autre abreuvoir.

97 Prendre un raccourci au-dessus de l'abreuvoir et gagner une piste qui contourne une cuvette où se situe la cabane du Coup. Continuer sur cette même piste, qui, en de nombreux lacets, mène à la crête (1 750 m). La piste passe au sud du Soum de Lèche (1 839 m) et dessert la cabane d'Escuret juste avant d'aboutir au col de la Pierre-Saint-Martin (1 775 m) [👁 > vaste panorama sur le massif du pic d'Anie ; frontière avec l'Espagne ; à proximité, entrée (fermée) du gouffre Lépineux profond de 728 m, dont l'exploration en 1952 a été marquée par la chute mortelle du spéléologue Marcel Loubens ; depuis 1972, ce col est franchi par une route reliant Isaba en Espagne à la station française de La Pierre-Saint-Martin à Arette ; la Haute Randonnée Pyrénéenne rejoint le GR® 10 en ce point].

GARDIEN DE L'ABREUVOIR /
PHOTO M.-F. HELAERS

ENVIRONNEMENT
LA PIERRE-SAINT-MARTIN

La Pierre-Saint-Martin doit son nom à la borne frontière n° 262 placée au col. L'été, ce site dévoile sa fonction ancestrale de pâturages pour les troupeaux de la vallée. L'hiver, la neige recouvre le massif faisant la joie des amateurs de sports d'hiver. La Pierre-Saint-Martin est le haut lieu de la spéléologie en raison de l'importance de ces réseaux souterrains évalués en 2008 à plus de 300 kilomètres de galeries de part et d'autre de la frontière. Son exploration a débuté dès 1950, après la découverte du gouffre Lépineux permettant d'atteindre la vaste salle de la Verna. Cette salle peut se visiter (renseignements p. 71)

TRADITION
JUNTE DE RONCAL

Depuis le XIVe siècle, chaque 13 juillet, un des plus vieux traités d'Europe est renouvelé entre les vallées de Barétous et de Roncal. L'origine de ce traité date de 1373 et fait suite aux luttes continuelles entre les populations des deux versants pour la maîtrise des pacages d'altitude et de leurs sources et fontaines. En 1373, une sentence d'arbitrage du tribunal d'Anso confirme aux Roncalais le droit d'exiger un tribut de trois vaches en réparation de plusieurs crimes. Tous les ans, le 13 juillet, les représentants de chaque communauté posent leurs mains sur la borne 262 pour renouveler ce serment de paix. Le cérémonial se poursuit par l'arrivée du troupeau et le choix de trois génisses. Français et Espagnols se retrouvent autour d'un immense repas, offert par Roncal, à la fin duquel résonnent les chansons des peuples voisins.

Aujourd'hui, les trois génisses choisies lors de la cérémonie restent en France, la redevance étant acquittée en espèces par la communauté de communes du Barétous.

JUNTE DE RONCAL /
PHOTO C. DE FAVERI

LE PAS DE L'OSQUE / PHOTO C. DE FAVERI

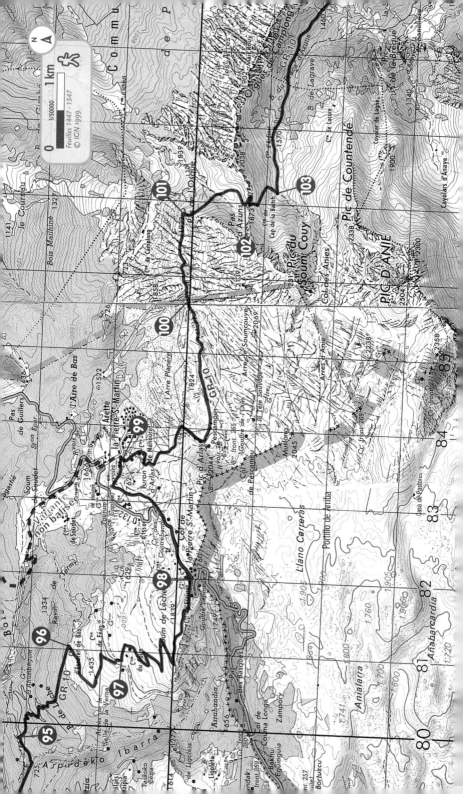

Du col de la Pierre-Saint-Martin à Arette - La Pierre-Saint-Martin — 40 min ▬

98 Au col de la Pierre-Saint-Martin, borne frontière 262, descendre par la route à gauche sur le versant français (nord-est) sur 1 km. Dans le premier lacet à gauche, partir à droite (nord-est), croiser deux téléskis et emprunter vers la droite la piste qui contourne le turon d'Arlas par l'ouest et le nord. Environ 80 m avant les réservoirs, descendre à droite (est) pour atteindre le refuge et, par la route d'accès, gagner le départ des pistes de la station d'Arette - La-Pierre-Saint-Martin (1 630 m).

D' Arette - La Pierre-Saint-Martin au télésiège du Soum Couy — 1 h 40 ▬

À Arette - La Pierre-Saint-Martin > 🏠 🛒 ✕ 🍺 🛏 (en saison ou au refuge) ☎ (hiver) ℹ (vacances scolaires et saison ski)

👁 > Vaste panorama de la plaine d'Oloron-Sainte-Marie et des pics d'Anie, d'Arlas et de Soum Couy.

99 À la station, en contrebas du refuge, emprunter vers le sud-ouest une route empierrée qui monte vers la cabane pastorale de Pescamou. Après une légère descente, à l'entrée d'un plateau herbeux, quitter la piste vers la gauche (est) et gagner la limite occidentale des Arres de Camplong [👁 > grand plateau calcaire fissuré et crevassé, très typique].

⚠ > **Au printemps, éviter de marcher sur les névés résiduels qui peuvent dissimuler des crevasses de pierre.**

Le sentier serpente entre les rochers des Arres de Camplong (bien suivre le balisage) et rejoint une piste de ski, juste avant de passer sous le télésiège du Soum Couy (1 920 m).

Du télésiège du Soum Couy au pas de l'Osque — 1 h 05 ▬

100 Passer sous le télésiège et descendre immédiatement sur une piste à gauche. Environ 200 m plus loin, basculer sur le sentier en descente à droite. Le sentier serpente en montant dans les rochers et atteint un premier col (1 930 m), puis un second (1 900 m). Après une nouvelle brèche, traverser un replat de lapiaz jusqu'au pied du col. Gravir un dernier raidillon en escalier où il faut mettre les mains.

⚠ > **Au printemps, des névés peuvent rendre l'ascension dangereuse. Des mains-courantes ont été installées pour aider la progression, mais dans l'autre sens, la descente peut se révéler délicate.**

Après un dernier rétablissement, fouler le sol du pas de l'Osque (1 922 m).

Du pas de l'Osque au pas d'Azuns — 40 min ▬

101 Au pas de l'Osque, emprunter la sente qui part à droite (sud-est) sur le flanc herbeux et gagner, au sud, le pas d'Azuns (1 873 m) [👁 > vue sur la plaine d'Oloron et les pics environnants (Soum Couy, Anie, Coutendé)].

Du pas d'Azuns au refuge de l'Abérouat — 1 h 50 ▬

102 Franchir le pas d'Azuns et descendre (sud) vers la cabane du Cap de la Baitch (1 689 m, point d'eau).

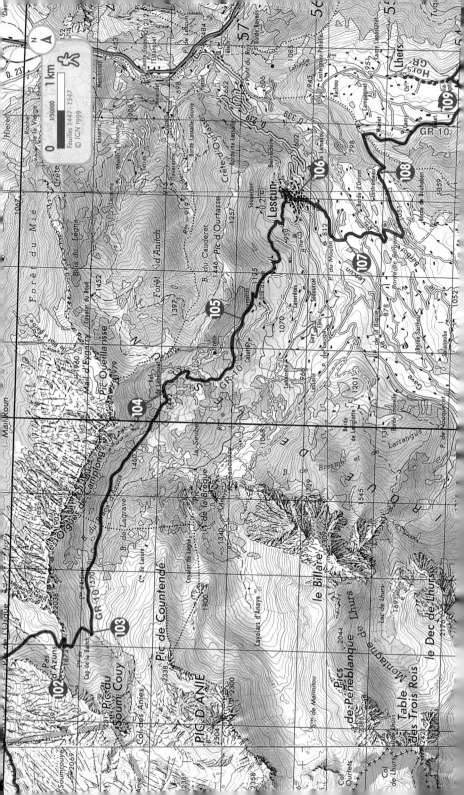

103 Se diriger en pente douce vers l'est pour traverser le bois du Braca d'Azuns [👁 > hêtres ; à la sortie du bois, vue au sud sur le pic Billare et le plateau de Sanchèse], puis descendre au refuge de l'Abérouat (ou Labérouat selon les cartes ; 1 442 m).

Du refuge de l'Abérouat au coude de la route — 45 min 🍴

Au refuge de l'Abérouat > 🏠

104 Descendre la route d'accès au refuge, longer le parking et poursuivre sur la route sur 300 m. Quitter la route pour descendre à droite par la piste herbeuse. Elle décrit des lacets, puis traverse un replat herbeux. Au fond d'une combe, se diriger à gauche sur une piste sur 400 m, puis suivre le sentier à gauche. Déboucher dans le coude de la route de l'Abérouat (1 215 m).

Du coude de la route à Lescun — 50 min 🍴

105 Traverser la route et continuer par le chemin qui tourne à droite, puis à gauche et aboutit à une petite route ; l'emprunter vers la gauche sur 100 m et descendre à droite sur un sentier qui longe un pré et retrouve une route. Suivre la route à gauche sur 400 m en laissant une bifurcation à gauche et à droite. Dans un virage à droite, bifurquer dans le chemin à gauche. Arrivé dans une rue, prendre à droite la direction du centre de Lescun (895 m).

De Lescun au camping du Lauzart — 20 min 🍴

À Lescun > 🏠 🛏 🍴 ✕ 🍷 et 🚌 au pont de Lescun, à 6 km

👁 > Lescun est situé au pied d'un cirque de pics calcaires. Maison de la Montagne.

⚠ > **À partir de Lescun, l'altitude des cols franchis par le GR® 10 au-dessus de 2 000 m, peut rendre la continuité de l'itinéraire aléatoire à cause de l'enneigement à la fin du printemps ou au début de l'automne (col d'Ayous : 2 185 m, Hourquette d'Arre : 2 465 m).**

106 De la place de la Mairie, emprunter vers le sud, puis le sud-ouest la rue et la route qui descendent au pont du Moulin sur le gave de Lescun. Franchir le pont et immédiatement gravir le raccourci en face, raide au début, qui mène rapidement à l'entrée du camping du Lauzart (850 m).

Du camping du Lauzart à la ferme Lestremeau — 45 min 🍴

Au camping du Lauzart > 🏠 ⛺ 🍴

107 Passer devant le camping et poursuivre sur la route. Au carrefour, aller tout droit (sud) sur la route empierrée au début, puis goudronnée. Environ 130 m après le pont sur le Barbot, grimper à droite sur un sentier qui coupe la route et aboutit sur une autre petite route ; la prendre à gauche sur 500 m. Sur la gauche, un chemin en contrebas mène à la ferme Lestremeau (1 021 m).

RAMEAU DE HÊTRE /
DESSIN N. LOCOSTE

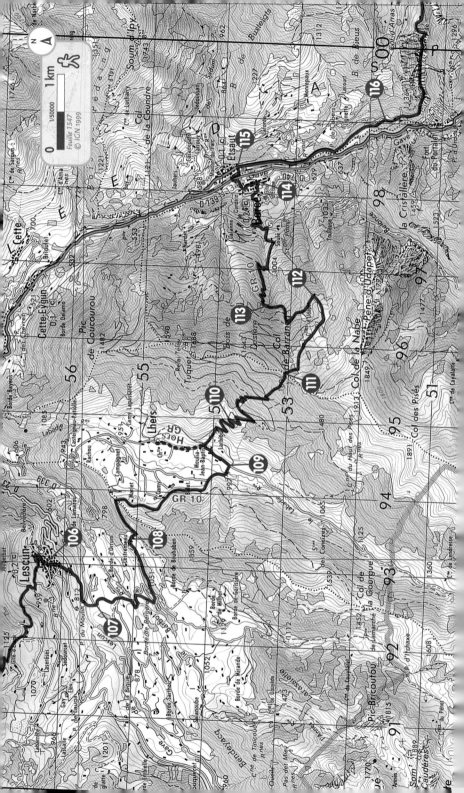

De la ferme Lestremeau à la route de Lhers   45 min 🚶

108 Passer entre deux corps de bâtiments et descendre pour franchir le ruisseau de Labrénère. Prendre à gauche le sentier (nord-est) qui entre dans la forêt et contourne l'éperon séparant les vallées de Labrénère et de Lhers. Sortir de la forêt vers la droite (sud) et parcourir tout le sentier horizontal qui domine le plateau de Lhers. Continuer par la route d'accès à une ferme. Elle enjambe le ruisseau Labadie et débouche sur la route de Lhers (997 m).

> La route de Lhers mène, à droite à 200 m (sud), à un gîte d'étape 🏠 et une aire naturelle de camping 🏕. Elle se prolonge par une piste donnant accès aux sentiers du Parc ; celui de Saoubathou permet de rejoindre la vallée d'Aspe, aux forges d'Abel (en amont d'Urdos), par le col de Saoubathou (1 949 m), le lac et le refuge d'Arlet.

Hors GR® > pour Lhers   `1 km`   **15 min**

👁 > Lhers est constitué d'un groupe de fermes habitées toute l'année. Chapelle XVIIIe siècle.

De la route de Lhers au col de Barrancq   1 h 55 🚶

109 Prendre la route de Lhers à gauche sur 400 m et, après la ferme à droite, s'engager sur une piste à droite sur 80 m. Avant une barrière et des restrictions de circulation, monter dans la prairie (sud-est) en suivant une trace qui s'élève et rejoint une ancienne piste abandonnée. Monter en lacets et rejoindre une nouvelle piste carrossable.

110 Remonter cette nouvelle piste et, dans le quatrième lacet (vers la droite), la quitter pour monter tout droit (nord-est) par un sentier dans la forêt. Continuer la progression en lacets et retrouver la piste à un carrefour. Monter par la piste sur une centaine de mètres et, 20 m après le lacet à gauche, bifurquer à droite sur le sentier parfois raide qui mène en quelques minutes au col de Barrancq (1 600 m).

> Accès au panorama par la crête à droite (sud-ouest). Monter sur 250 m, afin de sortir du bois [👁 > vallée d'Aspe, massif du Sesques, pic du Midi d'Ossau].

Du col de Barrancq à la cabane d'Udapet-de-Bas   40 min 🚶

111 Franchir le col de Barrancq et descendre (sud-est) par un sentier en lacets dans la forêt et les pâturages qui mène à la cabane ruinée d'Udapet-de-Haut (1 515 m) [👁 > site pastoral dominé par une muraille calcaire]. De là, descendre (sud-sud-est), franchir plusieurs ruisseaux et passer entre des blocs de rochers. Le sentier descend vers la cabane d'Udapet-de-Bas (1 401 m).

ATEAU DE LHERS /
PHOTO P. BELLANGER

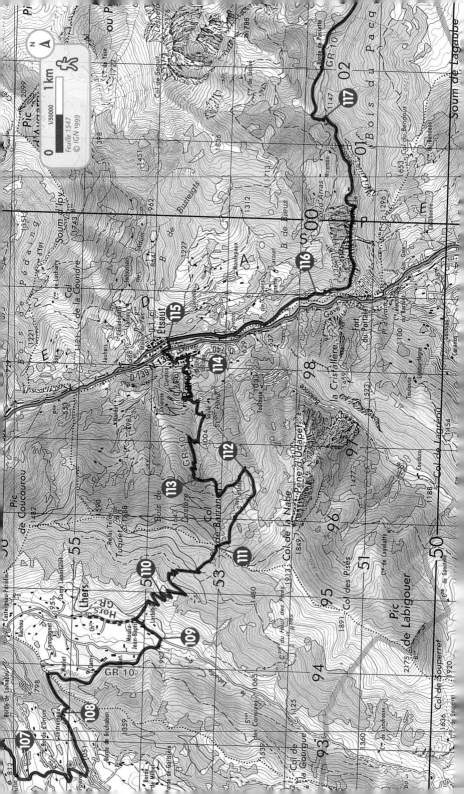

De la cabane d'Udapet-de-Bas à Borce   1 h 45 🚶

À Udapet-de-Bas >

⚠ **> Cabane aménagée en refuge par la municipalité de Borce (4 places), utilisée par un berger de juin à septembre.**

⑫ Environ 100 m avant la cabane d'Udapet-de-Bas, s'engager à gauche sur un large chemin en sous-bois. Franchir quelques ruisseaux et, à l'embranchement, dévaler le sentier à droite qui fait sortir de la forêt.

⑬ Descendre à droite en lacets à la lisière de la forêt [👁 > panorama sur la vallée d'Aspe, le massif de Sesques et les villages de Borce et d'Etsaut]. Continuer par de larges lacets dans les fougères sur la rive gauche du thalweg. Emprunter un chemin en légère descente et le quitter à droite pour descendre et traverser un torrent. Le sentier le longe, le rejoint et débouche dans le lacet d'une route. Descendre à gauche sur cette route et, au carrefour suivant, virer complètement à droite. Quelques mètres après le premier virage, descendre à gauche par un sentier qui longe le parc animalier de Borce. En bas, tourner à droite et traverser la route pour atteindre l'église de Borce (660 m).

De Borce à Etsaut   10 min 🚶

À Borce > 🖼 🛏 🍴 ☕

👁 **>** Borce domine le gave d'Aspe ; maisons XVe et XVIe siècles, hôpital et bénitier de Saint-Jacques ; espace animalier.

⑭ Après l'église, emprunter la Grand-rue à gauche et descendre vers l'ancien hôpital jacquaire reconnaissable à son clocheton (gîte d'étape). Un peu avant, obliquer à droite sur un sentier qui longe un ruisseau, puis tourner à gauche pour franchir la passerelle au-dessus de la nationale. Remonter la route en restant sur le talus, traverser le gave et atteindre la sortie sud d'Etsaut.

D'Etsaut au début du chemin de la Mâture   35 min 🚶

À Etsaut > 🖼 🛏 🍴 ✕ ☕ 🚌

👁 **>** Maison du Parc national des Pyrénées (exposition sur la grande faune pyrénéenne, renseignements, projections).

⑮ À Etsaut, après avoir franchi le pont, tourner à droite et suivre l'ancienne route vers le sud. Juste avant le pont de Cebers, obliquer à gauche et continuer sur la rive droite du gave d'Aspe (panneau du Parc National des Pyrénées) par la petite route qui monte. Après 800 m, parvenir à un petit parking dans un lacet de la route. Ici commence le chemin de la Mâture (715 m).

VAUTOUR FAUVE /
PHOTO N. ILADOY

En montant vers le Somport, à mi-paroi d'un ravin, une gouttière semble inviter le torrent du Sescoué à s'envoler jusque dans la vallée : c'est l'antique Chemin de la Mâture, un fabuleux cadeau que les montagnards firent jadis aux marins. De tous les lieux chargés d'histoire dans les Pyrénées, marquée dans la roche comme par le sabre d'un géant, cette voie étonne toujours le voyageur.

Quand, au XVIIᵉ siècle, Louis XIV demanda la modernisation de sa Marine, son ministre Colbert décida d'exploiter les futaies qui dominent ces hautes terres béarnaises.

Toutefois, avant d'être convertis en mâts de navire capables d'affronter les pires tempêtes, ces troncs d'arbres devaient accomplir un difficile voyage jusqu'à la mer, d'abord poussés et traînés par dessus les gaves impétueux puis assemblés en radeaux vers les arsenaux de Bayonne. Les meilleurs bûcherons, bouviers, « radeleurs » dont le nombre s'élevait à 3 000 n'auraient pu mener à bout ce travail titanesque sans cette immense saignée pratiquée sur l'abrupte paroi de la Gorge de l'Enfer, la rive opposée étant occupée un siècle plus tard par l'austère Fort du Portalet.

On peut dire aujourd'hui que cet ouvrage pharaonique s'est avéré, à long terme, un calcul désastreux sur le plan écologique car il a provoqué la destruction des plus beaux éléments d'un manteau forestier montagnard exceptionnel.

Après avoir été utilisé comme voie de transhumance, ce chemin permet au GR® 10 une liaison plus directe entre les vallées d'Aspe et d'Ossau.

CHEMIN DE LA MÂTURE /
PHOTO P. GRAND

FORT DU PORTALET VU DE LA MÂTURE /
PHOTO C. DE FAVERI

PATRIMOINE

LE FORT DU PORTALET

Du chemin de la Mâture, on domine en face, un fort accroché à l'autre rive du ravin, avec trois galeries creusées dans la roche : c'est le fort du Portalet qui protégeait l'accès de la vallée en venant d'Espagne. Il servit de prison sous l'occupation à Léon Blum, Édouard Dalladier, Georges Mandel, Paul Reynaud et au général Gamelin dans l'attente du procès de Riom. Lors de la suppression de la zone libre, une garnison allemande s'y installa. À la libération, une habitante d'Urdos faisant la femme de ménage, et pratiquant habilement l'intoxication, obtint des Allemands qu'ils se rendent aux Maquisards. Plus tard, le général De Gaulle y fit incarcérer le maréchal Pétain dans l'attente de son procès.

Le fort avait été construit de 1838 à 1848. Ce n'est donc pas dans cet ouvrage qu'Alfred de Vigny avait commandé une garnison et trouvé l'inspiration du Cor et d'un chapitre de Cinq-Mars, mais dans le fortin précédent, véritable « portalet » (petit portail, en béarnais) enjambant la route, et dont subsistent quelques pierres.

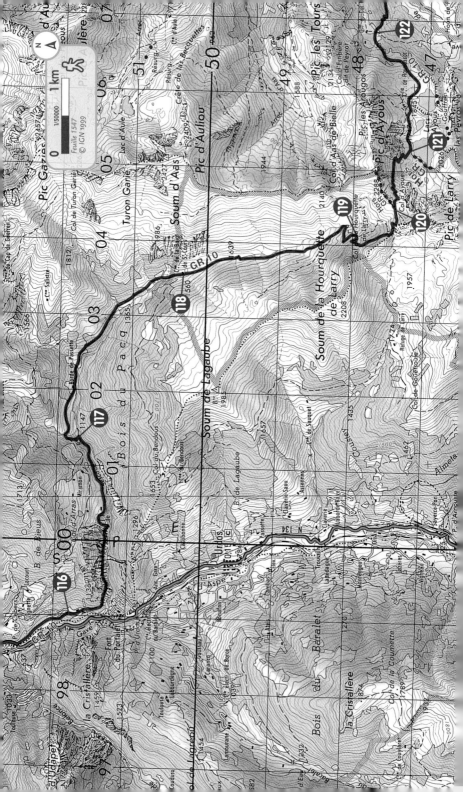

Du début du chemin de la Mâture à l'embranchement du pont des Trungas — 1 h 10

⚠ **> Le chemin de la Mâture est en partie creusé dans une paroi rocheuse verticale. Bien que toujours assez large et bien tracé, il peut être glissant par temps humide et il est déconseillé aux personnes sujettes au vertige (pas de main-courante).**

116 À droite du parking, s'engager sur le sentier qui s'élève parmi les pâturages et contourne un éperon rocheux [👁 > le chemin domine le fort du Portalet et sa route d'accès en lacets serrés]. Il aborde ensuite sa partie la plus aérienne, creusée dans la paroi verticale, puis débouche à ciel ouvert en offrant des vues sur les gorges d'Enfer (vallée du Sescoué). La montée se poursuit, assez rude, jusqu'à l'embranchement vers le pont des Trungas (à droite à 150 m), utilisé autrefois pour passer les troncs d'une rive à l'autre (1 175 m).

CHEMIN DE LA MÂTURE / PHOTO P. BELLANGER

De l'embranchement du pont des Trungas à la cabane de la Baigt-de-Saint-Cours — 1 h 25

117 Grimper à gauche un petit raidillon et atteindre un carrefour de chemins. Poursuivre à droite par un bon sentier en sous-bois presque horizontal. Passer les ruines de la borde de Passette et monter régulièrement, toujours en rive droite du gave. Entrer ainsi dans le Parc national et atteindre la cabane de la Baigt-de-Saint-Cours (1 560 m, *abri sommaire, pas d'eau*) [👁 > la cabane marque l'entrée du GR® 10 dans le Parc national des Pyrénées ; elle est située à l'origine d'un cirque que dominent à l'est et au sud les pics d'Aule, d'Ayous et de la Hourquette de Larry ; au nord, la silhouette imposante du pic de Sesques et du Capéran de Sesques].

De la cabane de la Baigt-de-Saint-Cours au col d'Ayous — 2 h 05

118 De la cabane, continuer par le sentier du Parc national qui suit d'abord la rive droite du gave, puis la rive gauche. Monter progressivement dans les pâturages (sud) et arriver sur un plateau en dessous de la Hourquette de Larry (1 985 m).

119 Ne pas chercher à franchir la Hourquette de Larry à l'ouest, mais monter vers le sud en passant sous une paroi rocheuse. Atteindre un premier petit col (2 125 m).

> À droite, un sentier du Parc national permet de rejoindre Peyrenère (route du Somport) en passant par la cabane de Larry (refuge non gardé).

Poursuivre à gauche (est) la montée vers le col d'Ayous (2 185 m, un panneau indique à tort 2 002 m) [👁 > vue sur le pic du Midi d'Ossau dont la pyramide volcanique barre l'horizon ; en contrebas du col, cirque lacustre d'Ayous].

> À gauche, chemin vers le pic d'Ayous (2 288 m) accessible en 30 min.

Du col d'Ayous au lac Gentau   35 min

120 Du col d'Ayous, descendre par un sentier tortueux et arriver à un embranchement au nord du lac Gentau (1 960 m) [👁 > lac supérieur d'Ayous (1 947 m) où se reflète le pic du Midi d'Ossau].

Hors GR® > pour le refuge d'Ayous   10 min | 🖼 🛒 ✕

À l'embranchement, suivre à droite le sentier qui mène au refuge d'Ayous (1 982 m)

> Base de départ pour deux randonnées sur les sentiers du Parc national : col et pic des Moines (2 349 m) sur la frontière espagnole, circuit des lacs Bersau et Casterau (qui permet de rejoindre le GR® 10 au pont de Bious ou d'élargir le tour du pic du Midi d'Ossau).

Du lac Gentau au pont de Bious   55 min

121 Poursuivre par le sentier qui longe le lac Gentau, puis arrive près du lac du Miey (1 914 m) et continue sur la rive gauche du déversoir de ces deux lacs [👁 > il est recommandé de franchir le déversoir et de gravir le ressaut situé au sud-est : vue sur le lac Roumassot et sur l'Ossau]. Descendre en lacets le long du déversoir, passer le lac Roumassot et continuer la descente par le sentier à travers les pâturages jusqu'à la lisière de la forêt (1 704 m).

> À 150 m au nord, cabane du Col Long d'Ayous (abri).

122 Poursuivre à travers la forêt jusqu'à la plaine et au pont de Bious (1 540 m).

> Variante à droite par le tour du pic du Midi d'Ossau avec étape possible au refuge de Pombie (voir description page 107).

Du pont de Bious au parking du lac de Bious-Artigues   30 mn

123 Arrivé dans la plaine de Bious, à proximité du pont sur le gave de Bious, prendre la piste qui descend à gauche (nord-est). Passer une barrière et continuer sur la piste en béton. Franchir le gave et passer près d'une bonne source. Poursuivre la descente jusqu'au début du lac (zone de bivouac signalée à 200 m à gauche). Le chemin passe à côté d'un loueur de chevaux *(boissons et casse-croûte en saison)* et aboutit au parking du lac (1 430 m) [👁 > lac artificiel, porte du Parc national].

LAC GENTAU / photo P. BELLANGER

Du parking du lac de Bious-Artigues à Gabas

1 h

124 Du parking, descendre par la route d'accès en utilisant un raccourci avant le lacet à droite. Poursuivre en descente sur 3,5 km en passant devant l'ancien camping. Environ 300 m avant un lacet de la route du Pourtalet (D 934), bifurquer à gauche par un raccourci pour atteindre le haut du village (1 035 m, ressources 500 m plus bas).

De Gabas à la centrale d'Artouste

20 min

À Gabas > 🏠 🍴 ✕ 🍷

👁 **>** Chapelle historique XIIe, relais sur un chemin secondaire de Saint-Jacques-de-Compostelle qui rejoignait, par le col des Moines, la route de Provence au Somport.
Centre d'excursion remarquable : Ossau, Arrémoulit, Arriel par les refuges CAF de Pombie et d'Arrémoulit. Maison des gardes du Parc national.

125 À partir du haut du village de Gabas, emprunter un raccourci et rejoindre la D 934 qui monte vers le Pourtalet. Suivre cette route sur 1 km jusqu'aux premiers bâtiments de la centrale d'Artouste (1 130 m).

> Accès au petit train d'Artouste : poursuivre par la D 934 en direction de l'Espagne sur 5 km jusqu'à Fabrèges pour utiliser la télécabine départementale qui relie la vallée à la station de ski d'Artouste (2 067 m) et, en été, au petit train le plus haut d'Europe, lequel mène au lac d'Artouste (1 989 m) et au refuge CAF d'Arrémoulit.

De la centrale d'Artouste
au début du sentier de la corniche des Alhas

1 h

126 Juste après la première maison et avant les bassins de la centrale d'Artouste, descendre à gauche et franchir le gave de Brousset sur le pont des Alhas. Le sentier part à l'ouest, presque à niveau, puis monte en quelques lacets dominant Gabas. Il pénètre dans la forêt de Piet et se dirige vers le nord avec de légères dénivellations. Poursuivre par la route forestière empierrée sur 750 m et atteindre l'embranchement du sentier de la corniche des Alhas (1 092 m).

⚠ **> La corniche des Alhas est franchie par un sentier taillé dans une falaise granitique dominant la gorge du Soussouéou. Étroit, parfois détérioré par les avalanches, le sentier peut être considéré comme vertigineux, voire dangereux quoique équipé d'une main courante. La variante non balisée par le pont du Goua (décrite page suivante), permet d'éviter ce passage.**

CORNICHE DES ALHAS / PHOTO M.-F. HELAERS

GOURETTE EN OSSAU : PÂTURAGES, MINES ET NEIGE

Le cirque de Gourette fut d'abord un grand pâturage, où, parfois, les bergers d'Aas se parlaient par message sifflé d'une cabane à l'autre.

Occasion de rappeler aussi l'organisation de la vallée d'Ossau en une grande communauté pastorale de deux Vics, celui d'en-haut, Laruns et celui d'en-bas, Arudy, dont les jurats réunis dans la capitale fédérale de Bielle dialoguaient directement avec leur suzerain, le vicomte de Béarn, et passaient des traités « internationaux » avec la vallée aragonaise de Tena. Aujourd'hui encore le syndicat de Haut-Ossau possède au nord de Pau les anciennes landes de transhumance où sont implantés un aérodrome, une zone industrielle et de vastes champs de maïs.

Le sort de ce sanctuaire pastoral commença à évoluer le jour où l'administration de Napoléon III, certainement sur l'instance de l'impératrice Eugénie, amie fidèle des Pyrénées, fit passer par le col d'Aubisque la route unissant les stations thermales. Cette route, fermée pour cause de neige de novembre à fin mai, est profitable au tourisme… et au Tour de France cycliste ! La route facilita de 1870 à 1913 l'exploitation, en plusieurs épisodes par la Société des mines d'Ares, de gisements signalés dès 1784 par le géologue Palassou. On y trouva de l'argent du plomb, puis des galènes de quartz, mais dans des conditions d'exploitation qui la rendaient peu rentable. Elle avait, pour être exact, commencé sur le flanc Sud du Cézy au-dessus du vallon de Sousséou, et c'est la raison du long chemin plat que suit le GR® 10. À partir de 1913, l'or blanc commença à relayer les mines. En 1903, le palois Henri Sallenave, par ailleurs pionnier de l'aviation, acheta à la Manufacture de Saint-Étienne des skis et des peaux de phoque pour gravir en hiver les 2 613 m du pic de Ger. En 1908, un train spécial Pau-Laruns conduisait la foule au premier concours de saut à ski auquel assistait Alphonse XIII roi d'Espagne. En 1957, était construite la station de ski actuelle, aujourd'hui gérée par le département.

TRADITION

LE BÉRET

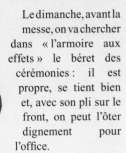

Le béret (« lou bounet » - qu'on dit basque - de même qu'il n'est de jambon que de Bayonne) est, en Béarn, un mode d'expression autant qu'un moyen de protection et fait partie de la physionomie au même titre que la moustache. Mais alors que les vieux ne l'ont jamais trahi, les jeunes l'ont, hélas, quelque peu oublié.

Toujours en feutre noir, il peut couvrir les calvities les plus catastrophiques comme les plus opulentes chevelures, les maigres comme les obèses. Il ramène à la ferme avec la même délicatesse les oeufs du jour, les fraises du jardin et les cerises du printemps. Au foyer, il tient indifféremment la poignée surchauffée du fourneau et l'ampoule qui vient de claquer ou aide à décortiquer les châtaignes grillées ; c'est dire qu'il n'est pas toujours très rutilant.

Le dimanche, avant la messe, on va chercher dans « l'armoire aux effets » le béret des cérémonies : il est propre, se tient bien et, avec son pli sur le front, on peut l'ôter dignement pour l'office.

Mais c'est dans la conversation qu'il trouve son rôle prépondérant : il accompagne les sourcils dans la colère ou la vanité ; il virevolte d'un coup de main agile quand il s'agit de ponctuer une histoire mouvementée, de corriger les enfants désobéissants ou éloigner le chat qui boit le lait dans la casserole. Il ne dérange même pas le sommeil et ne s'efface vraiment que pour accompagner un défunt.

Il est bien en vue sur tous les étals de vêtements des marchés du mardi à Arudy et du vendredi à Oloron.

CI-DESSUS : BÉRET BASQUE / DESSIN P. ROBIN ;
CI-DESSOUS : GOURETTE / PHOTO N. ILADOY

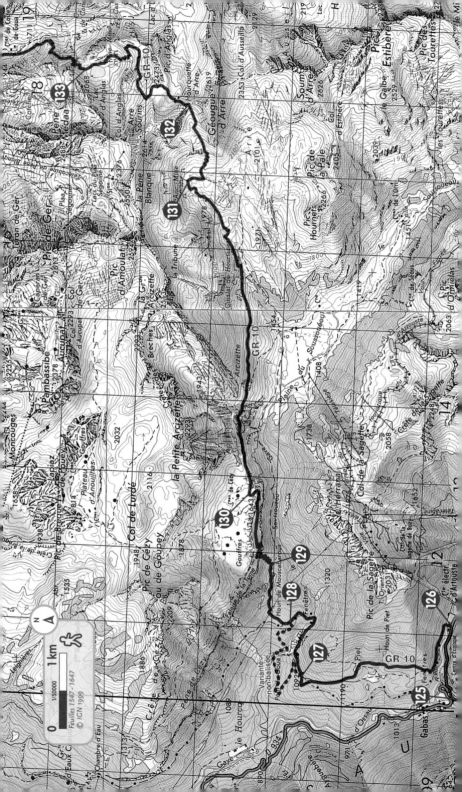

> Variante (non balisée) par le pont du Goua évitant la corniche des Alhas *(1 h, voir tracé en tirets sur la carte)* : à l'embranchement, descendre par la route forestière au pont du Goua (966 m). Franchir le gave et remonter par le sentier bien tracé qui rejoint le GR® 10 au premier carrefour de Soussouéou (1 113 m).

Du début du sentier de la corniche des Alhas au premier carrefour de Soussouéou
35 min ▱

⓬⓻ Quitter la route forestière empierrée et prendre à droite le sentier de la corniche des Alhas (sentier de service d'un canal souterrain). Longer la corniche des Alhas par l'étroit sentier taillé dans la falaise ⚠ **> bien que muni d'une main-courante, le sentier est vertigineux et peut être dangereux).** Arriver au pont sur le Soussouéou [👁 > cascade et prise d'eau] ; le franchir et gagner la rive droite du torrent. Continuer horizontalement sous les grands arbres jusqu'au premier carrefour de Soussouéou (1 113 m).

> Les randonneurs parcourant le GR® dans l'autre sens et désirant éviter le sentier de la corniche des Alhas, peuvent utiliser le sentier qui descend vers l'ouest au pont du Goua et remonter par la route forestière.

Du premier carrefour de Soussouéou au chemin de l'ancienne mine de cuivre
1 h 40 ▱

⓬⓼ Au carrefour, prendre à droite le chemin de Soussouéou. Il traverse un plateau presque horizontal parsemé de bosquets, puis grimpe sur le flanc du Cézy en lacets assez raides sous les arbres, traverse une clairière, passe à la source de Mouscabarous (1 156 m, *pas de point d'eau potable accessible*) et arrive au deuxième carrefour de Soussouéou (1 350 m).

⓬⓽ Laisser à droite le chemin qui monte vers la plaine de Soussouéou et gravir à gauche les lacets très raides qui mènent à la falaise de la Tume. À la sortie de la forêt, le sentier longe la base de la falaise calcaire et atteint le chemin de l'ancienne mine de cuivre dans un endroit dégagé et plat sous les cabanes de Cézy (1 620 m) [👁 > vue à l'ouest sur les falaises du Cézy, toutes proches, et, à l'horizon, sur le massif de Sesques].

Du chemin de l'ancienne mine de cuivre à la Hourquette d'Arre
3 h 15 ▱

⓭⓪ Prendre à droite (est) le chemin horizontal large et bien tracé de l'ancienne mine de cuivre qui domine la plaine de Soussouéou. Il continue en pente douce et régulière, atteint en quelques lacets les ruines de la cabane de Bétéret (1 710 m, *derniers arbres avant longtemps*). Le sentier longe d'autres ruines et remonte le cours d'un torrent (nord-est) jusqu'à une ancienne mine de fer (2 099 m).

PAPILLON TABAC-D'ESPAGNE / photo P. BELLANGER

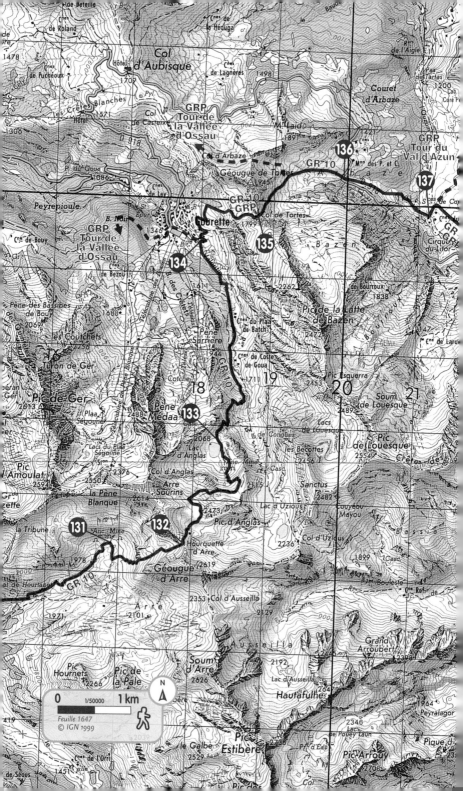

131 Continuer au sud, en pente douce, avant de s'orienter vers l'est par une suite de lacets qui gravit une pente herbeuse, puis progresse dans un ravin de rocaille rouge. Après une forte montée dans les éboulis, parvenir à la Hourquette d'Arre (2 465 m) [👁 > plus haut col franchi par le GR® 10 entre Hendaye et Arrens ; vue sur Amoulat, Arcizette, Sesques et le pic du Midi d'Ossau].

De la Hourquette d'Arre au lac d'Anglas   1 h 25 🚶

132 Franchir la Hourquette d'Arre et descendre au nord sur 200 m. Après la cabane de chasseurs *(abri sommaire)*, traverser en restant à niveau la vallée qui descend à l'est vers le lac de Lavedan et passer un col peu marqué. Obliquer à l'est, puis au nord et dévaler la pente par de raides lacets jusqu'aux ruines des bâtiments de l'ancienne mine de fer. Rejoindre le déversoir du lac (2 060 m).

Du lac d'Anglas à Gourette   1 h 20 🚶

133 Le sentier franchit à gué le déversoir du lac d'Anglas et descend en lacets raides [👁 > vue sur l'arête du Pène Sarrière à l'ouest]. Juste après le chemin d'accès à la cabane de Coste de Goua, quitter la piste et descendre à droite pour se rapprocher du gave de Valentin. Traverser le plateau du Plaa de Batch, puis entrer dans la forêt. Passer un gros rocher, descendre dans la forêt et franchir le torrent sur le pont de Saxe. Rejoindre l'angle de tennis et, par le parcours santé, monter vers le parking à l'est de Gourette (1 390 m).

> Jonction avec le GRP® *Tour de la vallée d'Ossau* qui vient de l'ouest de la station de Gourette.

De Gourette au col de Tortes   1 h 20 🚶

⛺ **Gourette >** 📷 🏨 ⛺ 🛒 🍴 ☕ ℹ️ � ✏️

👁 > Station de sports d'hiver et d'été dans un cirque de hautes montagnes : Latte de Bazen, Sanctus, pic de Ger.

134 En partant du parking, tourner le dos à Gourette et monter par la petite route du château d'eau qui se prolonge par une piste. Après un réservoir enterré, bifurquer à droite dans un sentier en sous-bois. Il monte en lacets [👁 > vue panoramique sur Gourette], puis grimpe entre des blocs (quelques marches escarpées) et se poursuit dans des pentes herbeuses jusqu'au col de Tortes (1 799 m).

Du col de Tortes à la D 918   55 min 🚶

135 Sur l'autre versant du col, le sentier descend dans les herbages et atteint une bifurcation.

> Séparation avec le GRP® Tour de la vallée d'Ossau qui grimpe à l'ouest vers le col d'Arbaze.

Le GR® 10 tourne à droite, longe la crête parsemée de rochers et aboutit à la D 918 (1 390 m).

> À 250 m à gauche, maisonnette de l'Équipement et, en contrebas de celle-ci, bergerie dite cabane d'Arbaze où il est possible, en saison, de se procurer du fromage au lait de brebis.

De la D 918 à la cabane du Litor

40 min ▭

136 Traverser la D 918 et descendre en face, sur la rive gauche, puis droite du ruisseau, dans le vallon de l'arrec d'Arbaze. Traverser plusieurs ruisseaux et atteindre au fond du vallon le pont et le chemin d'accès à la cabane du Litor (1 160 m).

> Le GR® 10 quitte le département des Pyrénées-Atlantiques et entre dans celui des Hautes-Pyrénées.

De la cabane du Litor à une bifurcation au col de Saucède

1 h 15 ▭

137 Après le pont, suivre la piste à gauche (nord-est) sur 200 m et gagner une intersection mal définie avant une grange.

> Jonction avec le GRP® *Tour du Val d'Azun* qui arrive en face.

Bifurquer à droite avant la grange (terrain humide) sur un cheminement mal tracé au début (bien suivre les jalons). Le sentier remonte un torrent et aboutit sur un bon chemin d'exploitation qui mène à la D 918. Remonter la route à gauche sur 150 m et bifurquer à droite sur un sentier qui se hisse jusqu'au col de Saucède (1 525 m). Suivre alors à gauche le large chemin sur 50 m jusqu'à une bifurcation.

Accès > au col de Soulor 800 m 10 min ▭ | 🍽, *casse-croûte*

Par le sentier GR® 101 > vers Lourdes 2 jours ▭

1/ col de Saucède – refuge de Haugarou (1 200 m) par le col de Soulor (1 474 m), le col de Soum (1 530 m) et le col de Bazès (1 509 m) **3 h 20**

2/ refuge de Haugarou – Lourdes (375 m) par l'Escala (1 400 m) et le col du Prat-du-Rey (1 185 m), puis les villages de Ségus et Ossen **7 h**

D'une bifurcation au col de Saucède à Arrens-Marsous

1 h 50 ▭

À Arrens-Marsous > 🏠 🏨 ⛺ 🛒 ✕ ℹ️ 🚌

👁 > Église XVe siècle aux murs crénelés, chapelle de Pouey-Laün ; Maison du Parc national et du val d'Azun ; Arrens constitue le point de départ de remarquables excursions dans le val d'Azun, fermé au sud par le massif du Balaïtous (3 146 m) : lac de Migouélou, Gabizos, pic du Midi d'Arrens, etc. ; à 3 km en aval, Aucun avec son église aux styles roman et gothique juxtaposés et un Musée bigourdan.

138 À la bifurcation, descendre par le sentier à droite. Laisser à gauche une cabane et franchir le ruisseau à gué. Remonter dans les estives et suivre la crête sur 1 km avant de descendre à droite vers un ruisseau.

139 Le traverser à gué, puis prendre à gauche le chemin empierré qui s'élargit au niveau de granges. Continuer la descente par la piste, puis emprunter la route sur 800 m. Dans le lacet, descendre en face. Tourner à gauche sur la D 105 sur 150 m, puis s'engager à droite sur le sentier qui descend entre des murettes et rejoint le pont de Lapadé (895 m).

140 Gagner le centre d'Arrens-Marsous (877 m) par la route à gauche.

> En franchissant le pont, le GR® 10 continue son parcours vers Cauterets, Gavarnie, puis Luchon (voir TopoGuide® *Pyrénées Centrales* réf. 1091).

Découvrir
le Tour du Pic du Midi d'Ossau

Imaginons une dent plantée au-dessus d'un vallon vers lequel, à la belle saison, les troupeaux sont menés dans les verts pâturages, une molaire qui contemple son image dans une série de lacs superposés jusqu'au ciel, quand on vient de la Vallée d'Aspe.

Le tour du Pic du Midi d'Ossau constitue une variante non balisée du GR® 10, tronçon du Béarn que l'on peut raccorder à l'étape Etsaut-Gabas.

Cet itinéraire de moyenne montagne culmine à 2 194 m au col de l'Iou au sud et à 2 127 m au col de Suzon au nord de cette double pointe d'andésite : ce serait, dit-on, les restes de la cheminée d'un ancien volcan qui s'est éteint il y a plusieurs centaines de millions d'années. On est en permanence dans un environnement minéral où les falaises vertigineuses émergent au-dessus des éboulis qui leur ont été arrachés par de longs siècles d'érosion.

L'intérêt essentiel de ce circuit est la découverte, sous tous ses angles, du massif de l'Ossau, intimement surnommé « Jean-Pierre » par les pyrénéistes. Il se déroule entièrement sur de hauts plateaux ou dans de larges vallons et offre en permanence les meilleures vues de cette masse rocheuse matérialisée par le Grand Pic (2 884 m) et le Petit Pic (2 807 m) et que des chaînons intermédiaires semblent rattacher à la vallée telles les racines d'une immense souche fossilisée.

Une particularité caractérise ce massif : il est entièrement dans les limites du Parc National des Pyrénées et, à ce titre, bénéficie de l'interdiction permanente de toute chasse, favorisant ainsi la prolifération de nombreuses hardes d'isards (ou chamois des Pyrénées), véritables équilibristes de la montagne. On y rencontre également des marmottes pataudes au sifflet strident tandis que plusieurs variétés de rapaces (gypaète barbu, aigle royal, vautour fauve et percnoptère) tournoient régulièrement entre cimes et nuages.

Par contre la randonnée à pied ne peut y être pratiquée que de juillet à octobre, ce qui correspond également à la saison d'estive des troupeaux. Le tour peut s'inscrire dans une bonne journée de huit heures au départ de Bious-Artigues. Toutefois, il est intéressant de savoir que le refuge de Pombie géré par le CAF permet de couper le trajet en deux parties égales, soit en réservant une nuitée soit en choisissant une halte pour se restaurer ou se ravitailler.

À l'origine, le passage était le col de Peyreget à 2 322 m à partir du lac du même nom ; mais en 1967 le Parc national réalisa un plan de sentiers dont celui qui nous intéresse et qui facilite la marche en empruntant le col de l'Iou. On y découvre le cirque d'Anéou et la vue sur les massifs vaporeux de la vallée de Tena en Aragon.

Certes le tracé n'est pas balisé mais les fréquentations estivales successives ont inscrit un sentier indélébile dans la montagne.

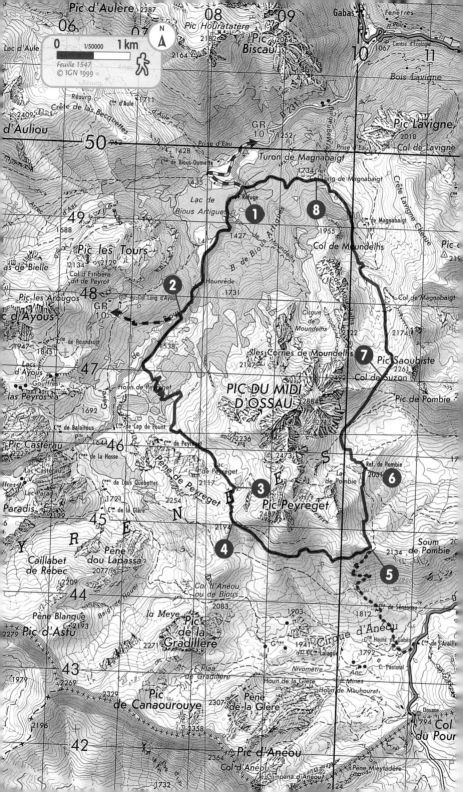

Le Tour du Pic du Midi d'Ossau

> Le tour du Pic du Midi d'Ossau constitue une variante non balisée du GR® 10, entre la plaine de Bious et le lac de Bious-Artigues. Il est décrit ici dans le sens contraire des aiguilles d'une montre. En été, accès depuis le parking de Bious-Oumette au bout de la D 231, en 20 min.

> Le GR® 10 et le tour du Pic du Midi d'Ossau ont un parcours commun du lac de Bious-Artigues à la plaine de Bious.

Du lac de Bious-Artigues à la plaine de Bious · 1 h

① Emprunter au sud la piste forestière qui longe la rive est du lac de Bious-Artigues. Franchir le pont en béton et passer sur la rive gauche du gave de Bious. Le sentier monte à travers une forêt de sapins et débouche sur la plaine de Bious (1 538 m) [👁 > large plaine pastorale, couverte de jonquilles au printemps, à l'est de laquelle le Grand Pic et le Petit Pic se déploient, tout entiers visibles, dominant le cirque de l'Embaradère].

> Séparation du GR® 10 qui monte à droite vers le lac Gentau et le refuge d'Ayous.

De la plaine de Bious au lac de Peyreget · 1 h 40

② Descendre légèrement à gauche pour traverser le gave de Bious sur un pont de béton. À quelque distance de la rive droite du gave, le sentier (sud-ouest) traverse la plaine de Bious sur 800 m. Il s'infléchit au sud puis à l'est, monte en lacets dans le bois des Arazures et parvient dans le vallon de Peyreget (*où le tracé coïncide, jusqu'au lac de Peyreget, avec celui de la Haute Randonnée Pyrénéenne*). Par une montée progressive au sud puis au sud-est, atteindre le lac de Peyreget (2 074 m).

Du lac de Peyreget au col de l'Iou · 20 min

👁 > Le Petit Pic masque progressivement le Grand Pic. C'est du Petit Pic que descend l'arête des Flammes de Pierre.

③ Dépasser le lac de Peyreget et, toujours au sud-est, parvenir au col de l'Iou (2 194 m) [👁 > vue sur le cirque d'Anéou, le col du Pourtalet (1 794 m) et les montagnes d'Espagne].

Du col de l'Iou au col de Soum-de-Pombie · 50 min

④ Franchir le col de l'Iou. Le sentier contourne le pic de Peyreget (2 487 m) et conduit au carrefour d'Anéou, peu avant le col de Soum-de-Pombie (2 129 m).

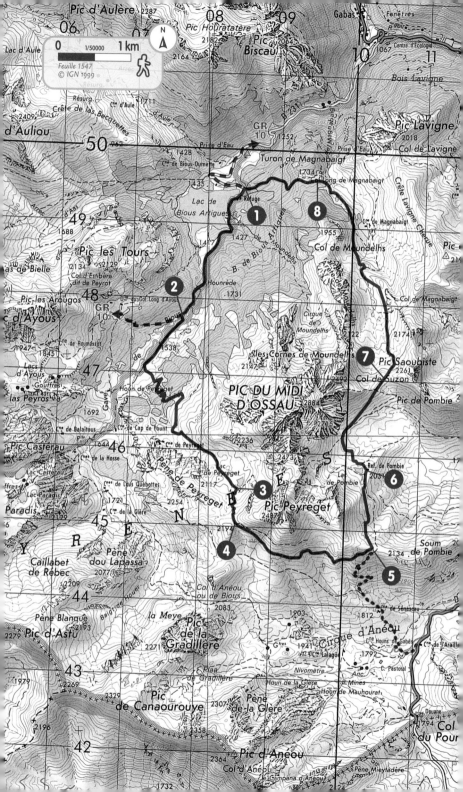

> Le chemin à droite, créé par le Parc national, permet de descendre en 1 h à la D 934, près du col du Pourtalet.

Du col de Soum-de-Pombie au refuge de Pombie `30 min`

5 Franchir le col de Soum-de-Pombie et descendre au nord pour trouver le refuge de Pombie (2 031 m).

Du refuge de Pombie au col de Suzon `50 min`

Au refuge de Pombie >

 > Le refuge a été construit en 1966 dans un très beau site au bord du lac de Pombie, base de départ pour les ascensions dans le massif de l'Ossau.

6 Au refuge de Pombie, le sentier longe la rive est du lac, continue vers l'ouest en légère montée puis descend au nord. Il franchit la Grande Raillère de Pombie puis traverse des pâturages avant de remonter au col de Suzon (2 127 m).

> Point de départ de la voie normale d'ascension de l'Ossau. À l'est, pic Saoubiste (2 261 m) atteint en 30 min.

Du col de Suzon au col Long de Magnabaigt `1 h 40`

7 Du col de Suzon, le sentier descend d'abord par la rive droite, puis par la rive gauche du gave de Magnabaigt vers le vallon du même nom et longe la base de l'arête de Moundelhs qui, peu à peu, cache l'Ossau. Descendre près d'une cascade puis, par une déclivité douce vers l'ouest, à travers un véritable jardin de rhododendrons, parvenir au col Long de Magnabaigt (1 655 m) [ > vue sur le pic Lavigne, le massif de Ger au nord-est, sur le massif des Sesques à l'est].

Du col Long de Magnabaigt au lac de Bious-Artigues `40 min`

8 Du col Long de Magnabaigt, par une descente dans le bois de Bious-Artigues vers l'ouest, atteindre le lac artificiel de Bious-Artigues (1 417 m).

> Jonction avec le GR® 10 (voir page 93).

RHODODENDRON HIRSUTE / DESSIN N. LOCOSTE.

• **109**

Découvrir
le sentier GR® 8

CHAPELLE SAINT-SAUVEUR / PHOTO C. DE FAVERI

De l'Adour aux Pyrénées, le GR® 8 s'inscrit dans la continuité d'un itinéraire européen parallèle à la côte Atlantique. Deux difficultés l'empêchent de toujours suivre le littoral : l'urbanisation, et les privatisations de terrains. Mais si les agglomérations du Boucau et de Bayonne le tiennent à distance de l'Océan, ce tracé permet au randonneur la découverte du Pays basque intérieur, plus secret.

Nous entrons d'abord en terre gasconne par le pont et le port d'Urt, dans l'ancienne principauté de Bidache. L'abbaye de Lahonce à laquelle conduit la vallée de l'Ardanavy, abrita un couvent de Prémontrés. Si le clocher trinitaire et le décor ont été restaurés, le portail, la longue nef et le chevet sont romans. D'ici, le pèlerin pouvait, soit rejoindre par Bidart la voie de la côte, soit poursuivre au sud, vers Urdax en Espagne, par le chemin de Baztan, assez proche du

PANNEAU D'INFORMATION DU GR® 8 / PHOTO CDT64.

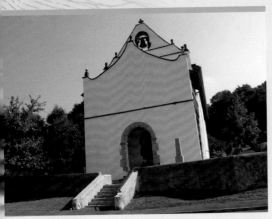

HALSOU / PHOTO C. DE FAVERI

nôtre, jalonné de maisons de l'Ordre.

La croix de Mouguerre commémore la bataille que le maréchal Soult soutint contre Wellington le 13 décembre 1813, premier épisode d'une longue et tenace retraite. Soult ne devait s'incliner qu'à Toulouse le 24 mars, quatre jours après Napoléon.

Puis nous plongeons dans les vallons et collines, parfois petites montagnes, du pays de Labourd, l'une des sept provinces basques. La chapelle-prieuré de Saint-Sauveur de Jatxou datant de 1249 dresse sa nef romane sur une colline ceinturée de bois, près d'une source consacrée.

Le nom de Cambo divise les toponymistes. Ce mot gaulois pourrait désigner un méandre de la Nive. Mais, un « cambo » basque, nom de fontaine, est plus probable. Deux sources, l'une sulfureuse, l'autre ferrugineuse, étaient connues dès l'Antiquité, et les anciens thermes viennent d'être rénovés. À la Belle Epoque, une ville de sanatoria a peuplé la colline sud de parcs et de résidences, dont la plus célèbre est celle d'Edmond Rostand, la villa Arnaga, aujourd'hui musée. La partie ancienne de la cité est, au bord de la rivière, ce quartier du Bas-Cambo, par lequel nous arrivons ; son port accueillait jadis des barques remontant la Nive depuis Bayonne.

À Itxassou, des stèles funéraires entourent l'église au chevet à trois pans. En fin de printemps, on peut y assister à la fête des cerises. Sinon, vous les dégusterez, confites, avec le fromage de brebis…

Le GR® aboutit à Sare, au pied de la Rhune. La ville de Sare, dont la contrebande fut l'une des richesses, avec l'élevage et la pêche à la morue, est un joyau architectural. Des oratoires votifs parsèment les chemins environnants, notamment cette « Calzada » dallée, « chaussée » antique. Au bout du chemin, le GR® 10. À droite, on rejoint l'océan, à gauche les Pyrénées.

L.L.B.

LAVOIR DE BAS-CAMBO / PHOTO C. DE FAVERI

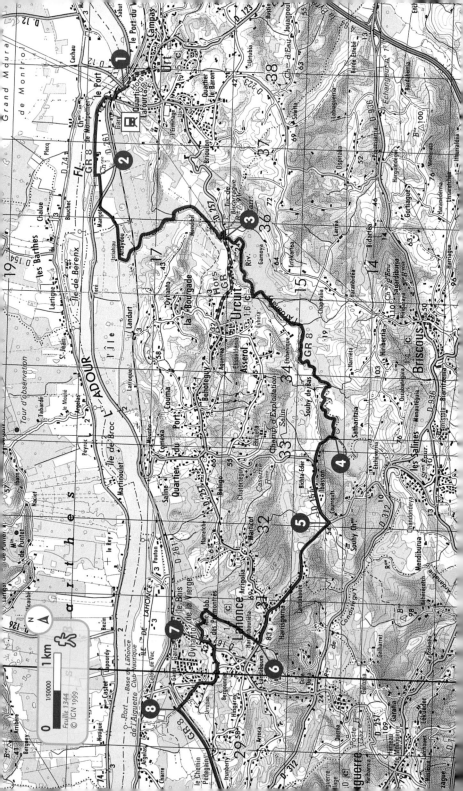

Le sentier GR® 8
D'Urt à Sare

D' Urt (pont sur l'Adour) à la D 257   4,5 km   1 h 10

Hors GR® > pour Urt   1 km   15 min | 🏛 ⛺ 🍴 ✕ ☕ ♨ ℹ 🚌 🚲 ⛵
Rejoindre le centre d'Urt par la D 123 à gauche.

❶ Au bout du pont sur l'Adour, au pied d'Urt, emprunter la route à droite et passer sous les lignes HT. Franchir la voie ferrée à droite, continuer par la D 261 sur 50 m, puis prendre à droite la ruelle qui mène au port. Longer à gauche le quai de l'Adour. Face à l'île du Sablot, s'écarter de l'Adour après le pont et entrer à gauche dans le champ par un chemin herbeux.

❷ Virer à droite, couper la D 261 et poursuivre en face par la piste. Longer la propriété Hillot et continuer jusqu'à la rivière. Emprunter à gauche le chemin de halage à travers la « barthe ».

👁 > Les barthes constituent le champ naturel d'expansion des crues de l'Adour. Ce sont des zones humides où se réfugient oiseaux, mammifères et tortues.

Rester en rive droite, déboucher sur la D 257 et franchir le pont.

Hors GR® > pour Urcuit   2 km   30 min | 🛏 ✕ ☕ 🚌
Prendre la D 257 à droite jusqu'à Urcuit.

De la D 257 à Lahonce   8,5 km   2 h 10

❸ Au bout du pont, traverser la D 257, tourner à gauche et suivre la piste. Laisser une première passerelle et rester rive gauche de l'Ardanavy. Franchir la deuxième passerelle et prendre le sentier de droite. Bifurquer à droite (⚠ **> zone humide**). Passer le pont de Souy-de-Bas (⚠ **> propriété privée : site de nidification et refuge d'oiseaux LPO ; silence demandé, pique-nique et stationnement interdits**). Rester le long de la rive sur la gauche. Après la cascade, le chemin décrit une boucle à gauche en lisière d'un bois, suivre la rive gauche.

❹ Gravir la pente et, sur le chemin Eyheralde, descendre à gauche. Au croisement suivre la D 157 à gauche.

❺ Environ 150 m après le calvaire, dans le virage à gauche, descendre par le large chemin herbeux à droite. Poursuivre par le chemin Landaboure. Longer la D 257 à gauche sur 500 m jusqu'au panneau « Lahonce ».

❻ Prendre pied à droite sur le talus pour utiliser le passage aménagé entre deux clôtures, descendre le chemin creux et, après la barrière, poursuivre en sous-bois. Une banquette en bois à droite permet de franchir un bourbier. Sortir du bois par la sente qui monte à l'ancienne abbaye des Prémontrés de Lahonce.

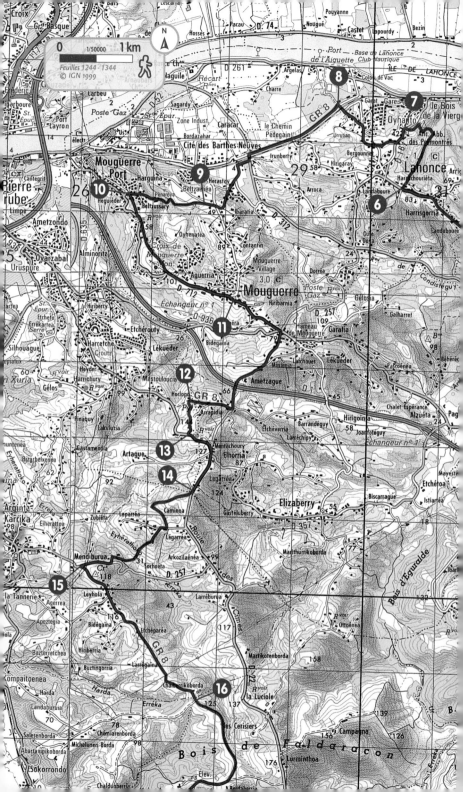

De Lahonce à Mouguerre　　7 km　1 h 45

À Lahonce >

7 Contourner le fronton et l'église de Lahonce. Après la mairie, monter par la D 161, puis au calvaire (arrêt de bus), suivre à droite la route de crête [👁 > balcon sur l'Adour]. Descendre à droite le long du quartier Oyhanto, puis à gauche et franchir le passage à niveau.

8 Longer la voie ferrée à gauche, couper la D 312, franchir à nouveau la voie ferrée. Longer les rails vers Irauldenia. La route vire à gauche, puis monte vers une voie sans issue. Poursuivre par la sente sous la ligne électrique. Tourner à droite, croiser la route et emprunter (ouest) la route en direction d'Arretchea.

9 Descendre par le large chemin à gauche (ancien chemin de Bayonne). À l'orée du bois, prendre à gauche le sentier forestier. Franchir le gué, gravir l'autre versant et traverser le quartier Harguina.

10 Au croisement, monter par la route à gauche (chemin de Beltsussary) sur 400 m. Emprunter la D 712, puis monter par la route à gauche dite chemin de Borda et gagner la croix de Mouguerre par un crochet à droite *(point d'eau sur le parking)*
[👁 > plaque commémorant les batailles menées par l'armée napoléonienne contre les troupes de Wellington : « De cette hauteur, qui fut prise et reprise à la bataille de Saint-Pierre-d'Irube, la vue s'étend sur les montagnes et les vallées du Pays Basque. Avec des forces inférieures, pied à pied, le maréchal Soult, duc de Dalmatie, lieutenant de l'Empereur, défendit ce pays pendant sept mois contre l'armée de Wellington, en 1813 et 1814. »].
Descendre, puis suivre la D 712 jusqu'au centre de Mouguerre.

De Mouguerre au belvédère　　3 km　45 min

À Mouguerre >

11 Sortir de Mouguerre par la D 712. Traverser la D 936 pour prendre à droite, à angle droit, la D 257. Continuer sur 1,2 km, passer sur l'autoroute et poursuivre sur 300 m. Monter à droite par la deuxième voie sans issue sur 300 m, puis descendre en contrebas à droite par un large chemin boisé [👁 > panorama sur Bayonne et la croix de Mouguerre].

12 À la hauteur du pylône, gravir à gauche (sud) le chemin gravillonné et parvenir au sommet de la colline [👁 > point d'information sur la bataille de Saint-Pierre-d'Irube du 13 décembre 1813]. Le beau chemin de crête permet d'atteindre la table d'orientation du belvédère « Elorrimendi et d'Arrapidia » *(aire de pique-nique, point d'eau)* [👁 > panorama sur Bayonne, Anglet, la Chambre d'Amour, la route des Cimes, Bidart, le Jaiskibel, la Rhune et l'océan].

Du belvédère à Jatxou　　10,5 km　2 h 40

13 Au belvédère, descendre le talus et suivre à gauche la D 22. Au carrefour, rester sur la D 22 et arriver au site des Trois-Bornes.

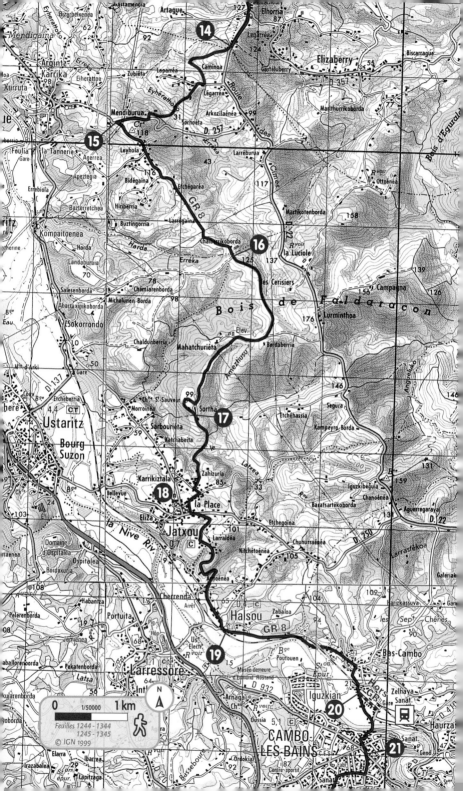

14 Au site des Trois-Bornes, avant la descente, s'engager à droite sur le terre-plein en direction d'un chêne. Descendre par le chemin pour pénétrer dans un bosquet. À l'intersection, monter à gauche dans le bois. Face à la ferme, suivre la route à droite et, à la fourche, prendre la route de gauche. Prolonger par un sentier en sous-bois, franchir un ruisseau, puis remonter pour emprunter à droite la D 257.

15 À la ligne à haute tension, s'engager à gauche sur le chemin Hariagarya et continuer au sud-sud-est par une voie secondaire en délaissant les accès aux fermes. Dépasser la ligne à haute tension, puis la propriété Chaiberrikoborda.

16 Laisser à droite la voie descendant au centre équestre et poursuivre en face par le chemin de terre entre deux clôtures. Prendre la piste à droite sur 350 m. Aux bâtiments de la ferme Mahatchurieta, emprunter la piste forestière à gauche. Sortir du bois et atteindre une statue de la Vierge [👁 > statue de la vierge de Fatima, source captée]. Accéder à la chapelle Saint-Sauveur par le chemin qui surplombe la source *(abri, table de pique-nique, sanitaires)* [👁 > lieu de pèlerinage depuis le XVIIe siècle et fontaine miraculeuse].

17 Sur la route, poursuivre au sud et franchir le pont sur le Latxea. Au carrefour, suivre la route à gauche sur 50 m et tourner à droite, puis à gauche pour gagner la Place à Jatxou.

De Jatxou à Halsou | 2,5 km | 35 min

À Jatxou > ✕ 🚉

18 Derrière le fronton de Jatxou, suivre la D 250 à gauche sur quelques mètres, puis bifurquer à droite sur la D 650. Elle zigzague et atteint la vallée de la Nive. Dans le virage, quitter la D 650 et continuer sur la route de gauche vers le centre d'Halsou.

De Halsou à Cambo-les-Bains | 3,5 km | 55 min

À Halsou > 🚉

19 Traverser la place du fronton et longer l'église, poursuivre vers l'est. Franchir la voie ferrée et arriver dans le quartier du Bas-Cambo. Longer un vieux pont, puis le lavoir. Avant le carrefour, s'engager à droite dans la ruelle Karrikartea, puis suivre le chemin Harrieta. Traverser la voie ferrée et atteindre une bifurcation.

> En continuant tout droit, gare SNCF de Cambo-les-Bains.

20 À droite du bâtiment de matériel médical, utiliser le raccourci (chemin Burgachiloa) qui mène au pont et franchir la Nive. Emprunter l'escalier à droite, passer le lavoir et le trinquet, contourner l'hôtel de ville à main gauche pour arriver à l'office de tourisme de Cambo-les-Bains.

De Cambo-les-Bains à la route d'Itxassou | 4 km | 1 h

À Cambo-les-Bains > 🏨 🛏 🏕 🍴 ✕ 🍷 ℹ 🚌 🚉 ✏

👁 > Station thermale depuis le XVIIIe siècle ; quartier de l'Église (vue sur la Nive) et jardin des Thermes ; villa, jardin et musée Edmond-Rostand.

21 Dans Cambo-les-Bains, suivre la D 918 sur 400 m, tourner à droite, traverser un lotissement et, face aux bâtiments des douanes, prendre la rue à gauche [👁 > chapelle aux Icônes, 22 rue de la Bergerie].

CAMBO-LES-BAINS

Le charme de Cambo-les-Bains tient avant tout à son ambiance de ville d'eaux et de jardins. Si les thermes existent depuis le XVIIIe siècle, les bienfaits des eaux et du climat particulièrement doux de la cité ont toujours été reconnus et utilisés pour la remise en forme et le bien-être. Cambo-les-Bains est une petite ville qui a gardé le caractère bien trempé des villages basques alentour : les villas de la Belle Epoque y côtoient les grandes fermes traditionnelles aux couleurs éclatantes. Plusieurs quartiers bien distincts composent la commune et méritent chacun une visite : le quartier du Bas-Cambo et son fronton cerné d'étroites ruelles, le quartier de l'église avec une vue panoramique sur les méandres de la Nive, et le Jardin des thermes à l'ambiance très exotique.

En 1903, Edmond Rostand tomba amoureux de la campagne camboarde, et décida d'y établir sa résidence principale. Il nous a légué sa magnifique demeure néo-basque, Arnaga, dont il a lui-même dessiné tous les plans, et en particulier les somptueux jardins à la française. La villa et les jardins sont classés Monuments Historiques et le musée Edmond Rostand présente des pièces uniques liées à l'auteur, à sa famille et à ses illustres amis. Gérard Depardieu lui-même a fait don au musée du César qu'il a obtenu pour son interprétation de Cyrano de Bergerac.

La villa est ouverte d'avril à octobre, toute l'année pour les groupes sur réservation.
Renseignements au 05 59 29 83 92.

VILLA ARNAGA / PHOTO A.-M. MINVIELLE

FRONTON PELOTE BASQUE / PHOTO V. GATEL

TRADITION
LA PELOTE

On peut dire qu'au Pays basque, il n'y a pas
de festivités sans partie de pelote. Ce sport
est sans aucun doute le plus populaire au
Pays basque.

Nul ne sait exactement depuis quand les
Basques y jouent. Il semble prouvé, toutefois,
que dès les premières années du XVIe siècle
apparaissent des allusions à la pratique du
jeu de pelote au Pays Basque.

Forte de ses 15 spécialités, depuis le jeu à
Main nue et Pala (raquette en bois) jusqu'à
celui qui se joue à l'aide d'un gant d'osier
chistera (Joko garbi, Remonte et Cesta
punta), ou encore la Paleta, la pelote basque
se pratique dans trois aires de jeux distincts :
la Place libre, représentée par le fronton, est
l'aire de jeu traditionnelle ; chaque ville et
village du Pays Basque en possèdent une.

Le trinquet, salle couverte, possède 4 murs
sur lesquels la pelote peut être renvoyée. Le
mur à gauche et le Jaï-Alaï sont des frontons
couverts d'origine espagnole, composés d'un
mur de face, d'un mur latéral gauche et d'un
mur de fond.

La pelote basque originelle et traditionnelle
est en cuir. Fabriquée entièrement à la main,
elle nécessite 4 heures de travail. Sa taille
et son poids varient selon la nature des jeux
mais sa conception est identique : un noyau
en gomme ou en latex entouré de cordelettes
de laine, l'ensemble étant recouvert par du
cuir de chèvre cousu à la main.

C'est cette conception particulière qui
confère à la pelote basque sa spécificité qui
la fait « ressembler à un caillou que l'on
projette sur un mur ».

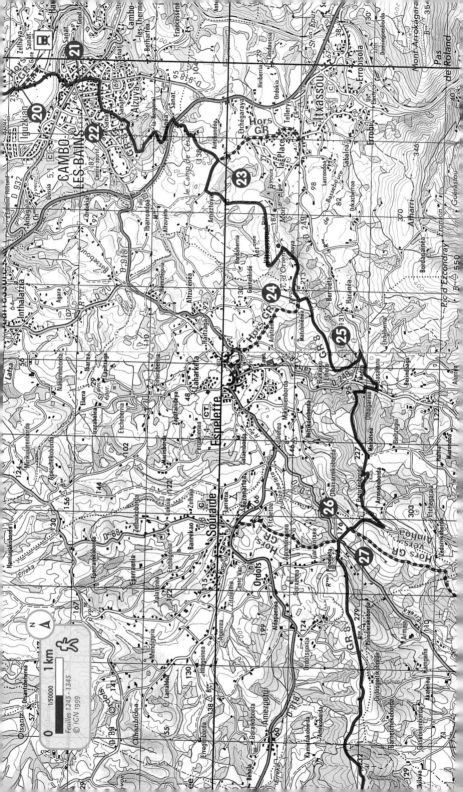

Au carrefour, virer à gauche, puis deux fois à droite.

㉒ Au panneau d'information, monter dans le bois. Sur le replat suivre l'allée de chênes pour atteindre la piste. La prendre à droite et longer par sa droite le hangar de la Bergerie. Descendre le long de la clôture, en bordure du pré. Après la fougeraie, descendre à gauche par le sentier en balcon. Emprunter la route à droite. Après le pont, elle monte dans le quartier Larraldea. Au cul de sac, passer derrière le chêne pour prendre le chemin à droite. Après le bosquet, descendre par le chemin à gauche **⚠ > zone humide)** avant de gagner la route d'Itxassou.

Hors GR® > vers Itxassou ▨ 1 km ▨ 15 min ▨ | 🖼 🏠 🛏 🧍 🛒 🍴 🚃

Suivre la route à gauche [👁 > église XVIIᵉ siècle et cimetière avec 100 stèles discoïdales]

De la route d'Itxassou au relais d'Espelette ▨ 3 km ▨ 45 min ▨

㉓ Prendre la route d'Itxassou à droite sur 500 m, gravir le chemin à gauche et poursuivre par la piste en contrebas de l'aérodrome. Au hangar, couper la route [👁 > à gauche, table d'orientation] et descendre par la route en face. Au croisement, aller à gauche pour contourner le relais et arriver à un autre croisement (190 m) [👁 > vue sur Espelette].

Hors GR® pour Espelette ▨ 1 km ▨ 15 min ▨ | 🏠 🛏 🧍 🛒 🍴 ☕ ℹ 🚃 🛏

Descendre à droite par la petite route [👁 > église et château, devenu mairie].

Du relais d'Espelette à la D 249 ▨ 1,6 km ▨ 25 min ▨

㉔ Sous le relais d'Espelette, reprendre encore à gauche et dans le virage quitter la route pour s'avancer sur la piste à droite et rester en crête. Après la croix, franchir une barrière et descendre vers le bois. En bas, dans le virage, franchir à gauche dans la haie de ronces (sud) une barrière peu visible. Descendre la croupe et se diriger vers le hangar de la ferme Erreka *(vente de produits)*.

De la D 249 à une croisée au col de Pinodiéta ▨ 3,7 km ▨ 55 min ▨

Espelette Ferme Erreka > 🧍

㉕ Emprunter la D 249 à gauche sur quelques mètres, traverser et grimper à droite dans le bois. En haut, tourner à droite, franchir le gué, longer la rive droite d'un ruisseau, puis franchir un pont et poursuivre par la piste empierrée sur 100 m. Suivre la route à droite, passer l'école, puis une maison. Grimper par la route à gauche (voie sans issue). À Olhagaraia, monter par le chemin, poursuivre à gauche et rester en crête. À la ferme Mehaxea, descendre par le chemin à droite, franchir le gué et monter à gauche. Descendre par la route à gauche. Prendre la piste à gauche, la route à droite et gagner une croisée de chemins au col de Pinodiéta.

Hors GR® pour Aïnhoa ▨ 3,5 km ▨ 50 min ▨ | 🏠 🧍 🛒 🍴 ☕ 🚃

Voir tracé en tirets sur la carte [👁 > un des plus beaux villages de France]

> Jonction avec le GR® 10 (voir page 43).

Espelette, ce petit village de 2 000 habitants est au centre de la culture du célèbre piment rouge dont l'appellation d'origine contrôlée date de 1999. Cette ancienne place féodale aux rues tortueuses inhabituelles dans cette région du Labourd célèbre ce produit chaque dernier dimanche d'octobre. Toutes les maisons sont alors décorées de guirlandes de piments dont la couleur rouge bordeaux se différencie du vermillon des boiseries pour se marier avec le blanc des façades. Ce fruit exotique serait venu des terres d'Amérique au XVIe siècle dans les bagages d'un compagnon de Christophe Colomb trouvant ici un terroir naturellement favorable. Il est cultivé de façon traditionnelle dans les fermes des dix villages qui entourent Espelette et sa récolte s'effectue avant les premières gelées. Transformé en poudre, son parfum fruité associé à un léger piquant a toujours agrémenté la cuisine locale : la pipérade, le poulet basquaise, le ragoût de mouton et les fameuses salaisons de la charcuterie basque.

Espelette fait aussi le commerce du pottök ce poney qui vit en troupeaux semi-sauvages dans les fougeraies qui recouvrent les pentes inhabitées. Autrefois utilisé à cause de sa petite taille pour la traction des wagonnets dans les mines de charbon, ce petit cheval intéresse de plus en plus les poneys-clubs pour sa vivacité dans les épreuves d'obstacle et pour sa bonne collaboration avec les enfants.

Dans l'église d'Espelette, on pourra remarquer les grilles de la table de communion.

TRESSE DE PIMENTS D'ESPELETTE /
PHOTO C. DE FAVERI

OFFICE DE TOURISME / PHOTO OT SARE

PATRIMOINE
LE VILLAGE DE SARE

Parmi les villages que l'on aperçoit du haut de la montagne de La Rhune et qui ressemblent à des pâquerettes sur les pâturages, il en est un qui fait oublier l'urbanisme de la côte tant il semble une œuvre d'art dessinée dans un décor subtil par de délicats paysagers amoureux de leur terre. C'est le territoire de la commune de Sare qui s'enfonce dans la province de Navarre sur une trentaine de kilomètres faisant de cette frontière un théâtre où bergers, palombiers et contrebandiers se sont distribué les rôles au fil des siècles. Il est désormais classé parmi les « plus beaux villages de France » mais ne le doit-il pas un peu à ces « travailleurs de la nuit » ? Il se dit en effet qu'ils auraient pu contribuer à le doter de son bel aspect et que leur négoce facilita naguère la richesse des belles demeures du quartier de Ihalar.

La place de Sare est un exemple typique de l'architecture rurale du Pays basque. Elle est définie par l'espace que lui réservent l'église, les cinq arcades de la mairie et, en face, le fronton, ce « temple à ciel ouvert » sans lequel la vie et la fête ne peuvent se marier. De cette place centrale partent plusieurs routes. La plupart sont bordées de platanes centenaires et serpentent dans les coteaux où les fermes se regroupent en une dizaine de hameaux. Les propriétés y sont clôturées par de hautes pierres plates fichées en terre comme un alignement de menhirs. Au-dessus de chaque porte est gravé le nom de la maison qui, souvent, est également porté par les fermiers.

De la croisée du col de Pinodiéta à la D 20 (Pinodiéta)
`250 m` `5 min`

26 À la croisée de chemins, rejoindre en face la D 20 et la couper.

Hors GR® > vers Souraïde `2 km` `30 mn`

Descendre par la route à droite jusqu'à Souraïde [◉ > église XVIIᵉ, vieilles fermes].

De la D 20 (Pinodiéta) à la D 3
`7 km` `2 h`

À Pinodiéta >

27 Continuer en face par la route Kostatzu pour accéder au quartier Pinodiéta, puis monter par la route de la Carrière (à l'automne, postes de chasse jusqu'à la ferme Uhaldekoborda). Elle devient piste. Au calvaire [◉ > panorama], laisser la voie de gauche et poursuivre tout droit. Rejoindre la crête, descendre et longer quelques bordes rénovées [◉ > redoutes de terre datant de 1792 à 1813 parfaitement conservées].

28 Prendre le chemin à gauche (⚠ **> descente glissante**). Après un coude à droite, la piste mène à Ziburua. Poursuivre par la route, franchir le pont neuf d'Amotz et emprunter la D 3 à droite sur 200 m.

> Possibilité en utilisant le chemin à droite en contrebas de la D 3 de gagner les vestiges d'un vieux pont sur la Nivelle (120 m, 5 min).

Hors GR® > vers Amotz `0,5 km` `8 min`

Continuer sur la D 3 jusqu'au village.

De la D 3 à Sare
`7 km` `2 h`

À Sare >

29 Quitter la D 3 et monter par la route à gauche jusqu'à la propriété Uhaldekoborda. Dans la cour de la ferme, continuer par le chemin de crête entre les prés. Passer les anciennes redoutes, une croisée de chemins et poursuivre. Prendre la route à droite [◉ > vue sur Sare]. Elle se prolonge en piste et, toujours à l'ouest, arrive en face du Suhalmendi.

30 Gravir le chemin à gauche [◉ > en continuant vers l'antenne, redoute Zuhalmendi dans une cuvette, à l'abri, à droite ; panorama]. Avant l'antenne, descendre à gauche.

31 Au croisement, en bordure de la sapinière, descendre par la piste à gauche (sud) puis par la route. Après la barrière canadienne, dévaler à gauche le chemin abrupt en sous-bois. Suivre la route à gauche [◉ > maison basque Ortillopitz XVIIᵉ siècle, visite] sur 400 m.

32 Prendre à droite la route d'accès à une ferme. Passer entre la ferme et le silo à maïs à droite, traverser l'Helbarrun sur le pont de pierre et monter en face. Emprunter à gauche le remarquable chemin pavé, tourner à droite et suivre la route à gauche [◉ > fermes basques typiques].

33 À l'oratoire, virer à droite vers la ferme, passer à sa gauche et marcher sur les dalles de la voie médiévale Galzada entre le pré et le jardin. Passer un deuxième oratoire, le cimetière, traverser la D 4 et gravir la ruelle pour gagner la place de Sare, fin du sentier GR® 8 (**34**).

> Jonction avec le GR® 10 (voir page 39).

PARCE QUE VOTRE PASSION EST SANS LIMITE...

PassionRando
LE MAGAZINE DES PASSIONNÉS DE LA RANDONNÉE

Escapades nature en Provence verte

Coup de cœur
La Clarée de
Denis Cheissoux

Croatie
La perle de
l'Adriatique

Randos vignobles
L'ivresse
du chemin

N° 17 · Octobre-Novembre-Décembre 2010 · 3,90 € · www.ffrandonnee.fr

4 numéros par an pour :

+ de randos d'ici et d'ailleurs

+ d'infos pratiques

+ d'implication en faveur
des sujets de société

+ d'infos locales

Conception : L2R

SPÉCIAL ADHÉRENT

Vous êtes adhérents de la Fédération,
vous pouvez payer votre abonnement
à **Passion Rando Magazine 4 €**
seulement en même temps que
votre cotisation annuelle

Contactez votre club de randonnée ou votre Comité
Départemental de la Randonnée Pédestre

> Abonnez-vous via internet sur :
www.ffrandonnee.fr,
rubrique « **Passion Rando** »

ou

> Abonnez-vous par courrier :
envoyez sur papier libre vos coordonnées
accompagnées d'un chèque de **12 € à l'ordre
de FFRandonnée** à l'adresse suivante :
SIF FFRandonnée SEII télémat - 14490 Litte

FFRandonnée
www.ffrandonnee.fr

Conformément à la loi informatique et liberté du 6 janvier 1978, vous disposez d'un droit d'accès et de rectification aux informations vous concernant.

✓ Le GR® 10 d'Hendaye à la Pierre-Saint-Martin a été initialement reconnu par le bureau de Biarritz du Touring Club de France. Dès 1963, des reconnaissances avaient été entreprises, dans les vallées d'Aspe et d'Ossau, sous la direction du délégué départemental, Dominique Jacquelin. Les acteurs sur le terrain furent Roger Bernadou, président du SCOVA, Patrice Bourdeu-d'Aguerre, Jean Marrimpouey, Jean Verdenal et G. Louyat. En 1968, Charles Etchepare accompagna l'équipe de Georges Véron sur cette première partie de la future traversée des Pyrénées. En 1996, dans le cadre du PDIPR (Plan départemental des itinéraires de promenades et randonnées), la rénovation de l'itinéraire a été réalisée par le Conseil général des Pyrénées-Atlantiques.

✓ Le tracé du GR® 8 a été ébauché en 1988 après deux premières tentatives, tout d'abord celle d'Henri Perrier le long de l'océan, puis celle d'Henri Milou dans le Pays basque intérieur. Toutes les deux ont évolué vers l'itinéraire actuel qui, passant par Cambo-les-Bains, rejoint le GR® 10 à Sare. Son homologation date de 1994.

✓ La présente édition a été réalisée par la commission sentiers & éditions du Comité départemental de la randonnée pédestre des Pyrénées-Atlantiques : Patrice Bellanger, André Berrotte, Chantal de Faveri, Philippe Voute, Gérard Dupui-Gourceaud, Didier Filipowiak (pour le GR® 8), et avec la collaboration de Pierre Grand, Véronique Bartassot, Audrey Rémy, Charlotte Pince et celle du Comité départemental de la randonnée pédestre des Hautes-Pyrénées.

✓ Les textes thématiques ont été rédigés par Louis Laborde-Balen, Anne-Marie Minvielle, André Berrotte et Chantal de Faveri.

✓ Responsable de la production éditoriale : Isabelle Lethiec. Secrétariat d'édition : Nadine Vincent, Marie Fourmaux, Philippe Lambert. Cartographie : Olivier Cariot, Frédéric Luc. Mise en page et suivi de la fabrication : Jérôme Bazin, Marine Léopold, Lætitia Monfort. Lecture et corrections : André Gacougnolle, Elisabeth Gerson, Gérard Peter et Michèle Rumeau. Développement et suivi collectivités territoriales : Patrice Souc, Emmanuelle Rondineau. Assistante de direction : Sabine Guisguillert. Création maquette et design couverture : MediaSarbacane.

La présente édition a été réalisée grâce au concours financier du Conseil général des Pyrénées-Atlantiques.

GÉOGRAPHIQUE

THÉMATIQUE

8e édition février 2011 - ISBN : 978-2-7514-0505-1

© IGN 2010 (fonds de cartes) - Dépôt légal : février 2011

Achevé d'imprimer en France sur les presses de Loire-Offset Titoulet (42000 Saint-Etienne)
sur papier issu de forêts gérées durablement